REMARQUES

SUR LA LANGUE

FRANÇOISE.

REMARQUES

SUR LA LANGUE

FRANÇOISE,

A L'USAGE DE LA JEUNESSE DE LORRAINE.

Par Monsieur ✱✱✱

A PARIS.

Chez les Libraires Associés.

M DCC LXXV.

PRÉFACE.

L'Ouvrage que je donne au Public, contient des leçons si faciles, & en même temps si nécessaires, non seulement à la Jeunesse qui cherche à s'instruire ; mais encore aux Personnes instruites & déjà formées, qu'on doit être surpris que ce soit un Ouvrage nouveau, & que personne n'ait encore pensé dans la Province à rendre ce service à ses Concitoyens.

Il ne demandoit ni un grand savoir, ni beaucoup de travail & d'étude. Observer les fautes les plus considérables où l'on tombe communément en Lorraine, soit dans le choix des expressions, soit dans la construction des phrases, ou dans la prononciation des mots ; remarquer ces fautes en détail ; montrer en quoi elles sont repréhenſibles ; indiquer les moyens de s'en corriger ; c'étoit une choſe d'autant plus aiſée, que ces fautes ne ſont pas auſſi multipliées dans cette Province que dans les autres.

Car il faut obſerver que chaque Province du Royaume a un langage qui lui eſt propre, &, pour ainſi dire, ſon dialecte particulier, quoique toutes parlent la même langue. Le Gaſcon ne fait point les mêmes fautes que le Normand, ni le Normand les mêmes fautes que le Picard & le Champenois ; mais tous en font beaucoup. Tellement que ce ſeroit un ſervice important à rendre au Royaume entier, que de faire pour chacune des Provinces ce que je fais aujourd'hui pour la Lorraine ; de recueillir les fautes nationales où l'on tombe dans chacun de ces cantons ; de mettre ce Recueil, avec des Remarques, ſous les yeux de la Jeuneſſe du Pays, & de lui en faire faire une étude particuliere. Par ce moyen on verroit difparoître en peu de temps cette bigarrure étonnante qui regne dans le langage des François; on ne parleroit plus ni gaf- con, ni normand, ni picard, & toute la France parleroit françois.

En effet, que la Jeuneffe Lor- raine life avec quelque attention ces Remarques que j'ai raffemblées dans ce petit Ouvrage; qu'elle s'applique un peu à éviter dans la converfation le petit nombre de défauts que je releve, & qui font la plupart très-faciles à ré- former; bientôt ces défauts dif- paroîtront des maifons honnêtes, & ne régneront plus que chez le bas peuple à qui tout eft permis en ce genre; & la Lorraine fera, de tous les Pays de France, celui où l'on parlera le mieux.

Parler bien n'eft point un avan- tage indifférent. Il n'eft perfonne qui n'ait l'ambition de s'exprimer correctement, & qui ne fente de la confusion lorsqu'il lui échappe quelque faute contre la langue, Comme on releve avec malignité celles des autres, on s'attend à être relevé sans indulgence lorsqu'on en fera soi-même ; désagrément qui mortifie l'amour propre, & auquel il est naturel qu'on defire de se souftraire.

Il est sur-tout mortifiant pour ceux qui font d'un rang, ou d'un état à ne pas tomber dans de semblables fautes. Si un Maître trouve ridicule le jargon de son Valet ; le Maître l'est encore plus de tomber lui-même dans des fautes égales. Il est vrai que les barbarismes de l'un ne font pas les barbarismes de l'autre ; mais ce font toujours des barbarismes, & certainement on ne dira pas qu'un homme bien élevé en puisse faire impunément ; tandis que celui qui n'a eu qu'une éducation négligée, ne le peut pas. Le barbarisme du Gentil-homme n'est pas plus noble que le barbarifme du Payfan.

On dira peut-être, que vivant avec des gens qui font les mêmes fautes que nous; fi nous ne parlons pas purement, perfonne ne le remarque, & qu'ainfi nous ne tombons point dans le ridiculedont je parle.

D'abord, il n'eft pas vrai que tout le monde faffe les fautes que j'ai relevées dans cet Ouvrage. Tous, ou prefque tous, en font quelques-unes ; mais tous ne les font pas toutes. Or, c'en eft affez pour qu'on doive craindre d'en faire une feule. Car il n'y a pas dans la Société de Cenfeurs plus féveres & plus ardens à critiquer les fautes d'autrui, que ces demi-Savans, qui, légérement inftruits des principes de la langue, fe croient des parleurs fans défaut, parce qu'ils ont appris à éviter une partie des fautes que les autres fe pardonnent. Comme ils ne penfent pas avoir befoin qu'on leur faffe grace, ils n'en font à perfonne ; & ce font ceux-là que l'on voit ordinairement dans les compagnies faire les puriftes, & affecter une délicateffe qu'ils n'ont pas. Au lieu qu'un homme vraiment habile remarque en filence toutes les fautes qu'il entend faire contre les regles de la langue ou de la prononciation, parce que ayant l'oreille délicate, il eft impoffible qu'il ne s'en apperçoive pas ; mais il n'en releve jamais aucune. il auroit trop à faire s'il lui falloit les relever toutes.

Il faut remarquer en fecond lieu, qu'on ne vit pas toujours avec fes compatriotes. On va quelque fois chez les Etrangers, ou l'on en reçoit chez foi. Si l'on ne voyage pas hors de fon pays, au moins on eft de temps en temps dans le cas d'y écrire. Or, quel danger n'y a-t-il pas dans ces différentes occurrences à nefavoir pas s'exprimer correctement? A quelles plaifanteries ne s'expofe-t-on pas?

Peut-être ces étrangers ne font-ils pas plus habiles que vous ; mais ils favent ce que vous ignorez, comme vous favez ce qu'ils ignorent ; & ils ne font pas plus aveugles ni plus indulgens pour les fautes que vous faites, que vous ne l'êtes pour celles qu'ils font. Vous, qui êtes de Nancy, vous plaifantez fur les défauts que vous remarquez dans ceux de Metz ; foyez fûr que ces plaifanteries ne font point faites à crédit, & que les gens de Metz vous rendant la pareille, fe font chez eux bonne juftice des railleries que vous faites chez vous de leur accent & de leurs expreffions. Ainfi fe vérifie le proverbe qui dit, que la moitié du monde fe moque de l'autre.

Altera pars hominum ridetur, & altera ridet.

Rendons encore ces réflexions plus fenfibles par des exemples. Je fuppofe qu'un bas-Breton paroît à Nancy dans une compagnie, & que parlant le françois

x

de son pays, il vous dit: *Monsieur
vat à Metz, où il compte rester un
huit jours* ... *Je suis allé tard à l'E-
glise, & j'ai demandé au Sacristain
s'il y avoit encore de la Messe* ...
*J'acheterai de la liqueur à Nancy
pour un de mes amis qui la zaime
beaucoup; quand il la zaura, il sera
bien conetent* ... Je demande à cet
étranger s'il veut venir à la pro-
menade; au lieu de me dire,
je le veux bien, il répond, *je suis
conetent.* .. Il sert à table, & avant
de me présenter du potage, il me
dit: *en aurez-vous beaucoup?* pour
en voulez-vous beaucoup? Et en
m'offrant une cuisse de perdrix,
il me dit : *en aurez vous de la
jambe de la perdrix?* &c. &c. &c.

Après le bas-Breton paroît un
Normand qui, comme le premier,
possede parfaitement le jargon de
son pays. Il nous dit qu'il a voyagé
toute la nuit *au clére de la Leune*...
Qu'il vient de *Paris*, où il a *fait
sa forteune* ... Qu'il vient prendre

un appartement *cheux moi*...Que dans son pays *les poumes ont manqué cette année*...Que *l'Empéreur a fait un voyage en Bohenme*, &c.

Je laisse à penser si on rira de ce langage hétéroclite, & si chacun ne dira pas, au moins en soi-même, qu'il est ridicule. Il l'est, sans doute ; mais on doit convenir aussi qu'un Lorrain est également repréhensible , & qu'il donne également lieu à la plaisanterie, lorsqu'en présence de personnes éclairées, ou devant des étrangers, il tombe dans les fautes de langage qui sont ordinaires dans son pays. Il n'en est pas autant choqué, parce que ses oreilles sont accoutumées à les entendre, & qu'il les voit faire impunément depuis son enfance ; mais en sont-elles pour cela moins choquantes?

Un moyen sûr pour s'en corriger, seroit de fréquenter les étrangers. Dans les Colleges & les Séminaires de Paris chacun apporte xij

lesdéfautsde saProvince. Maisbien-
tôt ces défauts font réformés par la
févérité que les jeunes éléves exer-
cent réciproquement lesunscontre
les autres. Cette partie desfciences
eft celle qu'on y acquiert le pluspar
faitement,& avec le plusde facilité.

Ceux qui font élevés dans leur
province n'ont pas cette reffource,
& c'eft pour y fuppléer que j'ai
rendu public ce petit Ouvrage,
qui n'avoit d'abord été fait que
pour les enfans de mes amis.

J'efpere qu'on rendra juftice à
la pureté de mes intentions ; que
perfonne ne s'offenfera de me
voir relever les fautes que j'ai re-
marquées dans cette Province ;
l'efprit de critique n'ayant abfo-
lument aucune part à ces Remarques, mais feulement le defir d'être
utile, & de rendre à la Jeuneffe
Lorraine un fervice qui m'a paru
être de quelque importance.

J'avertis encore qu'il ne faut
pas perdre le temps à juftifier ces
fautes, comme le font quelque-

fois des perſonnes qui , trop pré-
venues en faveur de leur Patrie ,
ſe perſuadent que tout ce qu'elles
entendent dire à leurs Compatriotes , eſt bien dit. Cette con-
duite ne ſeroit rien moins que
raiſonnable. Les enfans s'excuſent
ou ſe fachent lorſqu'on les reprend ;
les perſonnes judicieuſesreconnoiſ-
ſent leurs fautes & s'en corrigent.

Je n'ai pas prétendu corriger ni
les fautes trop groſſieres que fait
la populace, ni celles qui deman-
deroient des diſcuſſions grammaticales , ou trop ſubtiles , ou trop
profondes. Le premier auroit été
inutile , parce que le peuple ne
lit point ; le ſecond n'auroit pas
été à la portée de ceux à qui j'ai
deſſein d'être utile. Ceux qui de-
ſireront s'inſtruire à fond ſur ces
ſortes de matieres, peuvent lire
nos Grammairiens.

Je préviens que j'ai abrégé les
remarques le plus qu'il m'a été poſ-
ſible , de peur de dégoûter par des

longeurs ennuyeufes les jeunes Lecteurs pour lefquels j'ai écrit. C'eft à deffein d'abréger davantage que je me fuis fervi, pour marquer les breves & les longües, des fignes qui font en ufage dans les Dictionnaires. Le figne des fyllabes longues eft celui-ci --; & ᴗ eft le figne des fyllabes breves. Ainfi pour faire connoître que le mot *commode* a la feconde fyllabe breve, je marque cette feconde fyllabe du figne ᴗ. De même pour faire voir que la premiere fyllabe du mot *hôtel* doit fe prononcer longue, je marque cette fyllabe du figne --.

Il faut encore que l'on fache diftinguer l'accent grave de l'accent aigu. L'accent grave eft tiré de gauche à droite, comme dans le mot *procès*, & l'accent aigu eft tiré de droit à gauche, comme dans le mot *amitié.* L'accent circonflexe eft celui que l'on appelle autrement le chevron brifé, comme dans les mots *hôte* & *hôtel.* REMARQUES

REMARQUES

A & AU

1°. **A** est l'article qui désigne le datif. On dit : *j'écris à mon pere : Je donne à mon ami. A bon chat bon rat.* C'est donc une faute d'en faire l'article du génitif, & de dire : *le Domestique à Monsieur le Président. La Cuisinière à Madame. L'épée à Monsieur. Le livre à mon frere, &c.* On doit dire : *le Domestique de Monsieur le Président. La Cuisiniere de Madame.*

B

L'epée de Monsieur. Le livre de mon frere.

Il paroît cependant que les articles *à* & *au* désignoient autrefois le génitif, commme dans les exemples qui suivent : *La barque à Caron. La foire aux ânes. La poule à Simon. La mere aux chats. Un pere aux écus.* Mais ce n'est plus l'usage, excepté dans les exemples que je viens de citer. Il s'y conserve, parce que ce sont des espèces de proverbes, & que les proverbes ne changent point

2°. *A quelque part* se dit souvent en Lorraine ; mais c'est parler contre les règles. Ne dites point : *Il est à quelque part. Vous le trouverez à quelque part.* Dites : *Il est quelque part. Vous le trouverez quelque part. Quelque part* doit être considéré comme un seul mot. C'est un adverbe qui répond exactement à l'adverbe latin *alicubi* ; par conséquent il ne doit point être précédé d'un article. On ne dira pas non plus, *il est à quelqu'endroit, mais, il est en quelqu'endroit.*

3°. *A bonne heure* n'est point françois,

quoiqu'à *la bonne heure* le foit. On ne doit point dire: *venez à bonne heure. Il eft arrivé à bonne heure.* Ces façons de parler font lorraines, gafconnes & provençales; mais elles ne font nullement françoifes. Il faut dire : *venez de bonne heure. Il eft arrivé de bonne heure.*

4°. L'adverbe *à* eft encore déplacé dans les phrafes fuivantes : *Je fuis fâché à vous. Il eft mécontent à moi. Je ne fuis pas content à lui.* pour parler correctement, on doit dire : *Je fuis fâché contre vous. Il eft mécontent de moi. Je ne fuis pas content de lui.*

Ceux qui font les fautes que je remarque ici, les éviteroient d'eux-mêmes, s'ils faifoient attention aux phrafes fuivantes, qui font dans la bouche de tout le monde, & qu'eux-mêmes ils difent comme les autres : *Je fuis content de mon fort. Elle eft contente de fa perfonne.*

Nul n'eft content de fa mémoire,
Ni mécontent de fon efprit.

5°. On dit en Lorraine, *Saigner au nez*. Il faut dire : *Saigner du nez*. La raiſon qu'on apporte pour excuſer cette faute, eſt encore plus répréhenſible que la faute même. on prétend que *ſaigner du nez*, ſe dit ſeulement au moral, lorſqu'on parle d'un homme qui ne tient pas ſa promeſſe. Mais ne devroit-on pas ſçavoir qu'il ne ſe diroit point au moral, s'il ne ſe diſoit pas au propre ? Une expreſſion métaphorique eſt la même que l'expreſſion propre : le ſens ſeulement eſt différent ; ſans cela ce ne ſeroit pas une métaphore. Qu'eſt-ce qu'une métaphore ? C'eſt une figure de rhétorique, par laquelle le nom propre d'une choſe ſe tranſporte à une autre. Si donc on dit au moral, qu'un homme *ſaigne du nez*, c'eſt une preuve qu'on le dit auſſi au phyſique, ſans quoi le tranſport n'auroit pas lieu, & ce ne ſeroit plus une métaphore.

Il y a bien de la différence entre *ſaigner du nez*, & *ſaigner au nez*. on *ſaigne du nez*, lorſque le ſang coule du nez, comme il couleroit d'un bras, dont on auroit ouvert la veine. Mais on *saigne au nez*, lorsqu'on s'est égratigné ou écorché, & que le sang sort de la plaie.

La différence est encore plus sensible quand on parle d'une autre partie du corps. Si je me suis écorché au bras ou au pied, je dirai : *Je saigne au bras ou mon bras saigne, mon pied saigne*, ou *je saigne au pied*. Mais si je me suis fait ouvrir la veine, soit au bras, soit au pied, je dirai que *j'ai été saigné du bras*, que *j'ai été saigné du pied*. Dans le premier cas je dirai que *je me suis fait saigner le bras ou le pied* : dans le second je dirai, que *je me suis fait saigner du bras* ou *du pied*. On dit *saignement de nez. Les médecins ont des remedes pour arrêter le saignement de nez. Les saignemens de nez trop fréquens, ont fait mourir plusieurs personnes.* Ces exemples prouvent de plus en plus qu'on ne doit point dire, *saigner au nez*, & qu'on doit dire *saigner du nez.*

6° Quelques personnes en Lorraine disent, *mon au jeu*, pour *mon enjeu*. C'est parler mal. On dira fort bien, *mettez au jeu. J'ai mis au jeu.* Mais il ne s'ensuit pas qu'on puisse dire, *j'ai gagné mon au jeu. Retirez votre au jeu.* Il faut dire, *j'ai gagné mon enjeu. Retirez votre enjeu.*

AVOIR & ÊTRE.

Il faut prendre garde de se servir du verbe *avoir*, à la place du verbe *être*; & réciproquement de celui-ci à la place de celui-là. Ne dites point, *je suis été ; mais; j'ai; été* ne dites point, *j'ai promené,* mais, *je me suis promené.* Ne dites point non plus, *voulez-vous aller promener ;* mais, *voulez-vous aller vous promener.* Enfin ne dites jamais, *je l'ai envoyé promener. Allez promener;* mais, *je l'ai envoyé se promener. Allez-vous promener.* On ne doit pas dire non plus, *allez coucher, je vas coucher.* Mais, *allez-vous coucher. je vas me coucher, il s'est couché.*

AISE.

On dit très-bien, *prendre ses aises, chercher ses aises*. Mais on parle très-mal, lorsqu'on dit, *ils sont à leurs aises*. Pour parler correctement, on doit dire, *ils sont à l'aise, ils sont à leur aise*.

A l'aise est un adverbe, & conséquemment n'a point de pluriel. Ou, si l'on fait un nom du mot *aise*, il est toujours au singulier.

Avant lui Juvenal avoit dit en latin,
Qu'on est assis à l'aise aux sermons de
Cotin.

AIMER. AIMABLE.

La diphtongue qui commence ces mots, doit se prononcer avec un son clair. Plusieurs prononcent comme s'il y avoit une *n* après l'*i*; ils disent: *ainmer, je l'ainme, je ne l'ainme pas, Il est ainmable*; prononciation plate, & qui anonce peu d'éducation: on doit prononcer *aimer* comme *aimant*. (*Magnes*,) comme *aiguille, ai-*

gle, *aimoragie* &c. Avec cette exception
que dans *aimer*, *j'aime* & *nous aimons*,
aimable, la premiere fillabe eft longue.

A I R.

Air, eft un nom fubftantif mafculin.
La plupart des femmes le font féminin
Elles difent, *l'air eft chaude*, *je prens
la grande air*. Elles difent encore, *l'air
de cette chanfon eft belle*, *l'air que je fçais
eft plus belle que la vôtre*. C'eft une faute
énorme. On doit dire ; *l'air eft chaud*,
je prens le grand air, *l'air de cette chanfon eft beau*, *l'air que je fçais eft plus
beau que le vôtre*.

ALMANACH. ANGORA.

Je fais trois remarques fur le mot *Almanach*.

1°. C'eft un nom fubftantif mafculin.
On péche donc contre la langue, en difant :
Prenez votre almanach, *& rendez-moi la
mienne*. Il faut dire, *rendez-moi le mien*.

2°. Plufieurs fuppriment le fecond *a*.

& difent *almnach*. Faites fonner cet *a*
& prononcez *almănach*.

3°. D'autres fuppriment le *ch*, & prononcent, *almana*. Prononcez comme s'il
y avoit *almanack*, même devant une con-
fonne, & prononcez cette derniere fyllabe brève au fingulier, & longue au pluriel. Dites, *mon almanăch, mes almanăchs.*

4ᵉ. Quand vous parlez des chats étrangers, qui font aujourd'hui tant à la mode, dites *un angora*; & non pas un *angola*. C'eft ainfi que s'appelle le pays d'où
il viennent. *Angola* eft en Afrique;
Angora eft en Afie.

ALCOVE & ANTICHAMBRE, APAROY.

1°. Quoique les Architectes faffent
quelquefois *alcove* mafculin, ainfi que
quelques Littérateurs des fiécles paffés;
il eft du bel ufage de le faire féminin.

*Dans le réduit obfcur d'une Alcove en-
enfoncée,
S'éleve un lit de plume à grands frais
amaſſée.*

Un Auteur très-célebre vient de mettre *alcove* au masculin, c'est une méprise.

2°. *Antichambre* est aussi un nom féminin, & ceux qui sçavent un peu la langue, ne diront jamais, *un grand, un bel antichambre*; mais ils diront, *une grande, une belle antichambre*.

3°. On ne doit point dire *une aparoy*; mais, *une paroy*. Encore *paroy* ne se dit guère lorsqu'on parle de muraille.

Apprenne. Comprenne. Prenne, Enchiffrené

On prononce ces mots d'une maniere très-singuliere en Lorraine. Tous les jours j'entends dire par des personnes qui sont par leur naissance, leur état & leur éducation fort au dessus du peuple, *qu'il apprégne, qu'il comprégne, qu'il prégne*; il faut dire, *qu'il apprenne sa leçon, qu'il comprenne ce qu'on lui dit, qu'il prenne ce qu'on lui donne*. Puisque vous dites *apprenez, comprenez, prenez*; pourquoi dites vous *apprégne, comprégne & prégne*? La simple analogie devroit suffire, pour faire éviter cette faute.

Il n'est pas plus permis de dire *enchifregné*, il faut dire *enchifrené*. Dites aussi *chifonner*, & ne dites pas *chifogner*.

APPROPRIER UNE MAISON.

C'est très-mal-à-propos que l'on joint ensemble ces deux mots. Il faut dire; *ajuster*, *accommoder un appartement*, *une maison*. Le verbe *approprier*, signifie toute autre chose. *S'approprier un bien*, c'est *l'usurper*; *s'en emparer*. On dit dans ce sens, d'un plagiaire, *qu'il s'approprie les pensées d'autrui*.

Approprier signifie encore *adapter*, *appliquer*. *L'orateur a bien approprié son texte à son sujet*.

APRES.

On commet beaucoup de fautes dans l'usage que l'on fait du mot *après*; & il est assez difficile de les éviter toutes, à moins d'une très-grande attention. Par exemple, on peut dire, *il est toujours après moi,* pour signifier, *il me tourmente, il m'importune.* On peut dire encore, *attendre après quelqu'un, faire attendre après soi.* Mais il ne faut pas dire, *demander après quelqu'un, on demande après moi.* On doit dire, *demander quelqu'un, on me demande; voilà des personnes qui vous demandent.*

L'orsqu'il s'agit d'un homme dont tout le monde se plaint, on dit. *tout le monde crie après lui.* On peut dire aussi, *être après un ouvrage,* pour signifier qu'on y est attaché, & qu'on y travaille actuellement. Uu tailleur & un cordonnier diront fort bien, *je suis après à faire votre habit, je suis après vos souliers.* Ces phrases sont exactes. Mais les suivantes, *la clef est après la porte, l'habit est après le porte-manteau, ma montre est après ma ceinture, ce fruit tient après l'arbre;* ce sont des phrases très-défectueuses, quoique très-ordinaires en Lorraine. Dites, *la clef est à la porte, l'habit est au porte-manteau,*

*ma montre est á ma ceiniure, ce fruit
tient à l'arbre:*

ARRÊT. ARROSOIR.

1°. On accuse en général les Lorrains
de traîner sur les mots, & de faire longues les sillabes qui sont breves. Le mot
arrêt, en est un exemple. En Lorraine
on dit un *ārrêt*, ce qui a le plus mauvais
effet du monde à l'oreille des étrangers.
L'on doit dire un *ărrêt..*

2°. *Arrosoir*, n'est point un nom féminin. On doit dire, *un grand*, & non
pas, *une grande arrosoir*. Ce seroit une
grande faute, que de faire ce nom féminin.

AS, ASNE, ATRE, AUTEL, AVOINE.

1°. *As*, est une carte, qui n'est mar-
quée que d'un point. Ce nom est masculin; & l'on fait une faute lorsqu'on le
joint avec un adjectif féminin; comme
dans ces phrases : *Voici une bonne as que*

*je vous donne, je vous ai donné une as,
payez-la moi.* Il faut dire : *Voici un bon
as que je vous donne, je vous ai donné
un as, payez-le moi, les as sont égaux.*

C'est encore une grande faute de ne
pas faire sonner l's. Dites, *l'as de pique,
l'as de cœur.* Et ne dites jamais, *l'a de pique, l'a de cœur.*

2°. *Asne,* ne se dit qu'au masculin ;
au féminin on doit dire, *asnesse, un
grand âne, une petite ânesse.*

3°. Le sol de la cheminée, le lieu où
est placé le feu, se nomme *l'âtre.* Ce
nom ne se dit point au féminin. Ainsi
l'on parle mal lorsqu'on dit ; *l'âtre est
froide, l'âtre est brûlante.* On doit dire,
l'âtre est froid, l'âtre est brûlant.

4°. *Autel,* est un nom masculin. Cependant beaucoup de personnes en Lorraine le font féminin. Dites, *le grand
autel, les petits autels, le maître-autel.*
Tout le monde convient qu'il seroit ridicule de dire, *la maîtresse-autel.* On devroit donc sentir de même, que *la grande*

& *la petite autel*, font auffi des expreffions ridicules.

Remarquez que les noms mafculins
que l'on fait féminins, & les noms féminins que l'on fait mafculins, commencent ordinairement par une voyelle. C'eft
pour cela que le peuple s'y trompe. Il
ne diftingue pas à l'oreille fi l'on dit *grand
air*, ou *grande air*, fi l'on dit *belle antichambre*, ou *bel antichambre*, &c. Mais un
homme de lettres, un homme qui lit ne devroit jamais s'y méprendre. S'il y a quelquefois de l'équivoque dans la prononciation de ces mots ; il ny en a point,
& il ne fçauroit y en avoir à la lecture.

5°. On doit prononcer *avoine*, & non
pas *aveine* ; comme font plufieurs perfonnes. *avoine* rime avec *antoine*, & ne rime point avec *veine*.

BANCALE, BEULOUX.

Bancale, fe dit d'un homme qui boîte,
ou qui n'eft pas ferme fur fes hanches,
Ce mot n'eft point françois. On doit dire,

boiteux, ou *déhanché*. Dites, *cette femme est boiteuse*, *cet homme est tout déhanché.*

Beuloux est encore une expreſſion nationnale, dont on uſe quand on parle d'un homme qui a les yeux de travers, ou qui a l'œuil bleſſé. On ne doit jamais s'exprimer ainſi. Celui qui a les yeux ainſi diſpoſés, eſt *louche*, il eſt *bigle.* Cette mauvaiſe diſpoſition des yeux s'appelle *ſtrabiſme*, du mot latin *ſtrabiſmus*, qui ſignifie la même choſe. *Loucher* ou *bigler*, ſignifie l'action de celui qui regarde de travers. On dit, *cet enfant eſt beau, mais il louche, mais il eſt louche.*

Il vaut mieux dire *il eſt louche*, que *il eſt bigle.*

BOISERIE, BRODERIE, SUCRERIE.

En Lorraine, & dans beaucoup d'autres provinces, ceux qui ne ſavent pas parler exactement, diſent *boiſure & brodure*, au lieu de dire *boiſerie & broderie.*
Comme

Comme je vois grand nombre de perfonnes de tout état, qui tombent dans
cette faute, j'ai cru qu'il n'étoit pas inutile de la faire remarquer aux jeunes gens
qui liront cet Ouvrage, pour empêcher
que l'exemple ne les gâte.

Obfervez encore qu'on doit dire, *des
fucreries*, & non pas des *fucrades*.

BON, BELLE.

Les Lorrains placent fouvent mal ces
expreffions. Ils en ufent à tout propos.
S'ils entrent dans un appartement qui a
été bien échauffé ; ils diront, *cet appartement eft bon & chaud*. Si un marchand
préfente de l'étoffe, il dira, *cette étoffe
eft bonne & forte*. Si c'eft de la toile, il dira,
*cette toile eft belle & blanche, elle eft belle &
fine*. Ainfi du refte. Il faut éviter ces manieres de parler, il faut dire, *cet appartement eft chaud, il eft bon. Cette étoffe
eft forte, c'eft une bonne étoffe, cette
toile eft belle, elle eft fort blanche, elle
eft fine.*

B

BOUILLIE, BOUILLIR.

Vous dites, *j'ai mangé des bouillies, ces bouillies sont excellentes, donnez des bouillies à cet enfant.* Ce n'est pas parler exactement, que de s'exprimer ainsi. Il faut dire, *j'ai mangé de la bouillie, cette bouillie est excellente, donnez de la bouillie à cet enfant &c.*

Si quelqu'un, pour exprimer qu'il n'a mangé que de la viande bouillie à son dîner, disoit, *je n'ai mangé que des bouillis;* la faute seroit sensible; parce que tout le monde sçait qu'il faut dire, *je n'ai mangé que du bouilli.*

La faute que je releve dans cet article est absolument la même; si elle choque un peu moins dans ce pays, c'est qu'étant assez ordinaire, l'oreille est plus accoutumée à l'entendre.

Ceux qui disent *boulie,* sans mouiller les deux *l,* font encore une faute. Dans *bouillie,* ainsi que dans *bouilli,* il faut deux *l* mouillées.

Quant au verbe *bouillir*, voici comment il doit se conjuguer : *je bous*, *tu bous*, *il bout. Nous bouillons*, *vous bouillez*, *ils bouillent.* Vous devez donc dire, *le caffé bout*, *le sang me bout dans les veines*, & non pas, *le caffé bouille*, *le sang me bouille dans les veines.* Au futur, on conjugue ainsi; *je bouillirai*, *tu bouilliras*, *il bouillira.* &c. Ne dites donc point, *le caffé bouillera bientôt*; mais, *le caffé bouillira bientôt*, *je m'attendois que cette cafetiere bouilliroit plutôt*; & non pas, *bouilleroit.*

BRULE, BRULÉ.

Brûle est un verbe, & non pas un nom. On dit, *je brûle*, *tu brûles*, *il brûle*; mais on ne doit point dire, *le brûle*, *on sent le brûle*, *j'ai vû le brûle.* Dites; *on sent le brûlé*, *j'ai vû l'incendie.* Observez qu'*incendie* est masculin, qu'il faut dire, *un incendie affreux*, & non, *une incendie affreuse.*

CAFFÉ, CAPITAINE, COMPAGNIE, CAPABLE.

Dans cette province on prononce très-mal le mot *caffé*, au lieu de prononcer *fé* comme dans *coëffé, étouffé, chauffé*. On prononce, comme s'il y avoit *caffet*, comme *buffet*, c'eſt une faute. Dans ces deux mots, *caffé rechauffé*, on doit donner le même ſon à *fé*, & il eſt auſſi ridicule de dire *cafet réchauffé*, que ſi on diſoit *cafet réchauffet*.

Capable & *propre* n'ont point le même régime; l'un doit être ſuivi de la particule *à*, l'autre de la particule *de*. Dites donc, *il eſt propre à tout, il eſt capable de tout, il eſt propre à cela, il eſt capable de cela*. Mais ne dites jamais, *il eſt capable à cela, il eſt capable à tout*.

Capitaine & *compagnie* ſont encore deux mots, que j'entends ſouvent prononcer d'une façon ſinguliere. Pluſieurs diſent, *captaine, compagnée, ce captaine a levé une compagnée*. Dites, *ce capitaine a levé une compagnie*, en faisant sentir l'*i*

CHIFONNÉ, GRIFONNÉ, ENCHIFRENÉ.

C'est une faute considérable, de prononcer *chifogner* & *grifogner*. On doit dire, *chifonner* & *grifonner*. *Ma robe est toute chifonnée, cet enfant a grifonné du papier.* Ces deux mots *chifonner* & *grifonner* riment avec *donner*, *abonner*, *abandonner*., & ils ne riment point avec *grogner*.

J'ai déja dit, qu'on ne doit point prononcer *enchifregné*, ni *enchifrégnement.*

CHOU, CHOC.

Chou! & *Choc!* sont des interjections que l'on emploie en Lorraine, pour signifier que l'on sent un froid, ou une chaleur extraordinaire. Abstenez-vous de ces expressions nationales.

CLARTÉ.

Clarté, *clarteux*, sont des expressions fort en usage en Lorraine. Le second ne se doit jamais dire ; c'est un barbarisme.

Au lieu de dire *, cet appartement eſt clar-teux,* dites; *cet appartement eſt clair, il eſt bien éclairé.*

Le premier ſignifie toute autre choſe que ce qu'on prétend faire entendre. *Clarté,* ſignifie l'effet d'une grande lumiere. On dit, *la clarté des cieux. la clarté du ſoleil. la clarté de la lumiere.* Lors donc que vous commandez à vos domeſtiques d'apporter des bougies ou des chandelles, ne dites jamais, *apportez de la clarté, apportez des clartés;* mais dites, *apportez des lumieres, apportez de la lumiere..*

COMMUNION, CONFESSER.

1°. *Communion* peut ſe dire au pluriel, comme au ſingulier; mais non pas dans toutes les circonſtances indifféremment. Vous pouvez dire : *on a donné la communion, il y a eu beaucoup de communions dans cette égliſe.* Mais vous ne pouvez pas dire, *cet enfant a fait ſes premieres communions;* vous devez dire, *ſa premiere communion;* parce qu'on n'en fait pas plufieurs premieres. Je dis la même chofe de la priere que l'on nomme *l'Angelus*; dites, *on fonne l'Angelus*; & non pas, *on fonne les Angelus.* dite auffi, *la Canicule* & non *les Canicules.*

2°. *Je vas confeffer*, eft une phrafe impropre. Il y a deux fortes de fautes dans cette maniere de parler, lorfqu'on ajoute, *auprès du Pere tel.*

La premiere, eft qu'on fe fert du verbe neutre *confeffer*, au lieu du verbe actif *fe confeffer.* Un confeffeur qui va au confeffional, ou qui en revient, dit, *je vas confeffer, je reviens de confeffer*; mais un pénitent, une pénitente, doivent dire, *je vas me confeffer, je viens de me confeffer.*

La feconde faute, eft qu'on fe fert mal-à-propos de l'adverbe *auprès.* On ne doit point dire, *je me confeffe auprès du Pere tel*; mais, *je me confeffe au Pere tel.* Comme on dit, *je me confeffe à Dieu.*

Remarquez encore qu'il ne faut pas prononcer *commugnon*; mais *communion.*

Comme.

Voyez ci-après à l'article *faire*

Couchage.

Couchage n'eſt point une expreſſion françoiſe. On doit dire, *un lit, une couche*; & non, *un couchage. La couche*, eſt le bois du lit, ſur lequel on met la la paillaſſe, le lit de plume & les mattelas.

Remarquez qu'il faut dire, *un lit de plumes*; & non pas, *un plumon. Plumon* ſe dit comme *couchage*, chez ceux qui parlent mal.

Couverte, Couvercle, Couverture, Couvert.

1°. La piece d'étoffe qui ſert à couvrir un lit, ſe nomme *la couverture*. Lorſqu'on dit, *la couverte*, on parle patois.

2°. Ce qui ſert à couvrir un vaiſſeau, comme un pot, une marmite, une cafetiere, une boîte, une aiguiere, se nomme *couvercle*. On dit, *mettez le couvercle, ôtez le couvercle de cette cafetiere*

3°. Le cuir ou le parchemin, que l'on met sur les livres en les reliant, se nomme *la couverture. Une couverture de maroquin, de veau, de basane &c.*

4°. Lorsqu'il y a dans un jardin des arbres, qui donnent de l'ombre; on dit qu'il y a du *couvert.*

CRISTAL, MÉTAL.

Quelques personnes prononcent *cristail, métail*; c'est une prononciation mauvaise. Comme on ne dit pas, *cristaillin*, ni *métaillique*; mais *cristallin & metallique* : On ne devroit pas être tenté de dire *cristail* ni *métail.*

Une faute encore plus considérable seroit de dire, *cristaux* au singulier; il faut dire; *il y avoit des cristaux sur la table*; & non pas, *il y avoit un cristaux.*

Diriez-vous *un chevaux* & *un confessionnaux* ? Pourquoi donc dites-vous *un cristaux* ?

CUILLIER, CUEILLIR.

Quoique, lorsqu'on écrit correctement, on écrive *cuiller* ou *cuillier*, sans mettre un *e* à la fin de ce mot ; il est cependant féminin, & il faut faire sentir l'*r*. C'est une faute de prononcer *cuillé* pour *cuiller*. Dites, *apportez des cuillers, servez une cuiller* ; & ne dites point, *apportez des cuillés, servez une cuillé.*

Cueillir, se prononce comme s'il y avoit *queuillir*, en faisant sentir la diphtongue *eu*. Ceux qui prononcent comme s'il étoit écrit *keillir*, prononcent mal. C'est comme dans *orgueil* & *écueil*, dans lesquels on prononce *euil*, quoiqu'il soit écrit, *ueil*. Voici comment le verbe se conjugue : *Je cueille, je cueillois, je cueillis,* & nonpas, *je cueillai. Je cueillerai,* & non pas, *je cueillirai. Je cueillerois,* & non pas, *je cueillirois.* Dites, *je cueillerois, j'ai cueilli, je pensois que je cueillerois beaucoup de fruits.*

DE, DU, DES, DÈS.

De, du, des, font des articles que les Grammairiens appellent *indéfinis,* & dont il feroit trop long de rappeller ici toutes les regles, c'eſt un des points les plus épineux de la Grammaire. Je me contenterai donc de faire remarquer les fautes les plus ordinaires, où l'on tombe en employant mal-à-propos ces articles.

Vous dites, *voilà du bon vin, des belles maiſons, de la bonne ſoupe;* il faut dire, *voilà de bon vin, de belles maiſons, de bonne ſoupe.*

Vous dites, *je n'en veux pas de la ſi groſſe, en voici de la plus belle, j'en ai de la trop fine;* il faut dire, *je n'en veux pas de ſi groſſe, en voici de plus belle, j'en ai de trop fine.*

Vous dites, *il y en a bien des autres, il en a vû des autres;* il faut dire, *il y en a bien d'autres, il en a vu d'autres.*

Lorſque vous voulez changer de cartes, vous dites, *j'en veux des autres,* don-

nez-m'en des autres; il faut dire, *j'en veux d'autres, donnez-m'en d'autres.*

Ne dites point non plus, *cela ne fait de rien;* mais *cela ne fait rien.*

Les fautes que je releve ici, ne font pas de ces fautes legeres, qu'on peut fe pardonner quelquefois. Un Lorrain, qui hors de fa Province en fera de pareilles, peut être fûr qu'on fe moquera de lui; fur-tout, s'il eft d'un état qui exige qu'il parle correctement.

Quelques perfonnes prononcent *deffe que,* pour *dès que;* c'éft une faute. l'*s* ne fert q'uà rendre longue la premiere fillabe de *dēs que.*

DEFFENDRE.

Déffendre, fignifie *réfifter, protéger, foutenir, excufer, empêcher, interdire &c.* Mais il ne fignifie jamais *divifer & partager en plufieurs parties.* C'eft donc parler très-improprement que de dire, *deffendre un arbre, deffendre une poutre, deffendre du bois;* vous devez dire, *fendre un arbre, fendre une poutre, fendre du bois.*

DEH! DEH ME! DÉJA

deh? & *deh me!*, ſont des interjections qui marquent l'étonnement; Mais nulle part en france elles ne ſont en uſage, ſi ce n'eſt en Lorraine. Ainſi c'eſt une faute que d'en uſer.

Dans *dējà* la premiere ſillabe eſt longue; dites *dējà,* & non pas *djà.*

DÉJEUNER, DINER, SOUPER.

Déjeuner, dîner & *ſouper* ſont des verbes neutres. C'eſt donc parler contre les regles que de dire, *qu'ayeȥ-vous déjeuné?* *Qu'ayeȥ-vous dîné? Qu'ayeȥ-vous ſoupé?* Il faut dire, *qu'ayeȥ-vous mangé, que vous a-t-on ſervi? Qu'ayeȥ-vous pris à votre déjeuné, votre dîné, votre ſoupé?*

Ne dites jamais, *j'ai déjeuné du caffé, j'ai dîné une poularde, j'ai ſoupé un gigot;* mais dites, *j'ai mangé* ou *l'on m'a ſervi une poularde, un gigot, à mon dîner* à mon *souper. j'ai pris du caffé à mon déjeuné.* La même regle doit s'obferver pour le verbe *goûter*; dites, *j'ai mangé du pain & des pommes à mon goûté, & non pas, j'ai goûté du pain & des pommes.*

DÉLICES, DÉCHET.

Délice fe difoit autrefois au mafculin & au fingulier; maintenant il ne fe dit plus réguliérement qu'au féminin & au pluriel. On dit, *Titus étoit les délices du monde.* On dit *mes plus cheres délices, de pures délices.*

Dans un ouvrage moderne intitulé, *le Speʊateur François,* l'Auteur a péché contre cette regle en difant : *Une mere qui a perdu fon enfant unique, le délice de fa vie ; &* il en a été repris avec juftice. Il devoit dire, *les délices de fa vie.*

Plufieurs difent en parlant de marchandifes qui diminuent, *il y a du déchoi, il faut payer le déchoi;* dites, *il y a du déchet, il faut payer le déchet.*

Dent.

Dent eſt un nom féminin, jamais on ne peut le faire maſculin, ni au propre, ni au figuré. Dites, *les dents incifives, les dents canines, les dents machelieres* ou *molaires.*

C'eſt une erreur que de croire que les *dents,* qui bordent les dentelles, les ſcies, & certains ouvrages d'architecture doivent être du genre maſculin. On dit, *les dents de cette ſcie ſont bien aiguiſées, les dents de cette dentelle ſont fines & bien détacheés &c.* On ne dit pas, *le dent de cette dentelle &c.*

Depuis.

J'entends dire quelquefois, *les tours de Saint Nicolas ſe voient depuis Nancy, on voit les vôges depuis Nancy ;* il faut dire, *les tours de St. Nicolas ſe voyent de Nancy, de Nancy on voit les vôges.* ne dites point, *on nous entend depuis ici ;* mais, *on nous entend d'ici.*

Anciennement les meilleurs écrivains disoient *du depuis*; mais cette maniere de parler est surannée. On ne dit point, *je vous ai écrit du depuis, vous m'avez vu du depuis*; on dit *je vous ai écrit depuis, vous m'avez vu depuis*.

DERRIERE, DEVANT.

Tout le monde dit ici, je *loge du derriere*, *je loge du devant*; pour désigner la partie de la maison qu'on occupe; c'est parler très-mal. On doit dire, *je loge sur le derriere* ou *je loge sur le devant*.

Lorsque quelqu'un qui occupoit la partie antérieure de la maison, en est sorti pour aller se loger dans le fond; ne dites jamais, *il s'est retiré du derrie-re de sa maison*, mais dites, *dans le derriere de sa maison*. Sans quoi vous faites un contre-sens; car vous dites absolument le contraire de ce que vous voulez qu'on entende. Que signifie *se retirer de sa maison, se retirer de la société*? C'est en sortir. Par conséquent, *se retirer du derrie-*
re

re de sa maison, ce n'eſt pas aller *s'y loger*, mais c'eſt *en ſortir*. Dites donc, *il s'eſt retiré dans le fond ou dans le derriere de ſa maiſon*.

DANS, DEDANS, SUR, DESSUS, DESSOUS, HORS, DEHORS.

Comme il échappe fréquemment des fautes dans l'uſage qu'on fait de tous ces mots, il eſt néceſſaire de faire des remarques ſur chacun.

1°. *Dedans* eſt un adverbe, & *dans* eſt une prépoſition : Ainſi après *dedans* il ne faut point de cas, & après *dans* il en faut un. On ne doit point dire, *dedans la maiſon, dedans la chambre, dedans une heure :* mais il faut dire, *dans la maiſon, dans la chambre, dans une heure.*

Corneille, Malherbe & la Fontaine, n'ont point obſervé cette regle ; & comme l'a très-bien remarqué Voltaire, ce n'en étoit peut-être pas une de leur temps ; mais aujourd'hui on n'excuſeroit pas un Ecrivain qui ne s'y conformeroit pas

C

2₀. *Sur* & *fous* font des prépofitions, & doivent être fuivis d'un nom. *Deffus* & *deffous* font des adverbes. Lors donc qu'on veut parler réguliérement, on ne dit point, *deffous la table*, *deffous un arbre*; mais on dit, *fous la table*, *fous un arbre*; *ma carte eft tombée fous la table*; *je me fuis affis fous un arbre*.

De même on ne doit point dire, *il s'eft couché deffus l'herbe*, *la lumiere eft deffus le chandelier*; mais, *il s'eft couché fur l'herbe*, *la lumiere eft fur le chandelier*.

Il y a cependant quelques exceptions à cette regle, quoiqu'elle foit très-générale. Par exemple, fi les deux adverbes oppofés, dont l'un fignifie *deffus*, & l'autre fignifie *deffous*, fe rencontrent dans la même phrafe, comme dans celle-ci, *il n'y a pas affez d'or deffus & deffous cette tabatiere*, *cette carte n'eft ni deffus ni deffous la table*; il ne faudra pas dire, *fur & fous*; mais, *deffus & deffous*.

Un second exemple est lorsque ces adverbes ou prépositions doivent se trouver avec *par* & *de.* On ne se sert point des prépositions *sur* & *sous* ; mais des adverbes *dessus* & *dessous* ; ainsi on ne doit point dire, *jouer par sous la jambe, passer par sur une planche, se lever de sur sa chaise, il a été tiré par sous les morts* ; mais on doit dire, *jouer par dessous la jambe, passer par dessus une planche, se lever de dessus sa chaise, il a été tiré de dessous les morts.*

Troisieme exception. Lorsque l'adverbe est seul, & qu'il n'y a point de substantif à régir, on se sert des mots *dedans, dessus, dessous.* Par exemple, *j'ai trouvé un arbre, je me suis couché dessous* ; *j'ai tiré ma bourse, j'ai mis mon argent dedans* ; *voici une table, mettez votre montre dessus.*

Observons encore les fautes que font plusieurs personnes, en prononçant ces mots. Il y en a qui disent *dessur,* au lieu de dire *dessus.* Quelques uns prononcent *deẑous* pour *deſſous*, quelques autres *deẑus* pour *deſſus*. Faites ſentir les deux *s*.

Remarquons enfin qu'on doit dire, *ſens deſſus deſſous*; & non pas, *ſans deſſus deſſous*, la ſignification de cet adverbe étant, que le *ſens* qui étoit *deſſus*, a été mis *deſſous*. *On a tout mis ſens deſſus deſſous dans la maiſon*,

3°. *Hors* eſt une prépoſition, & doit avoir un nom auquel il ſe rapporte, ſuivant les regles que nous venons de citer. Ainſi on doit dire, *il eſt hors de lui-même, cela eſt hors de ſaiſon, nous ſommes hors de la ville, nous ſerons bientôt hors de l'hÿver.* Boileau a dit,

> *Nous cherchons hors de nous nos vertus*
> *& nos vices.*

Dans tous les exemples que je viens de rapporter, on doit dire *hors*, & non pas *dehors*.

Dehors eſt un adverbe, comme *dedans*, *deſſus & deſſous*, & il eſt ſujet aux mêmes loix. On dit, *on l'a mis dehors, il fera bientôt dehors, vous irez dehors, cet homme n'eſt ni dehors ni dedans.*

Cependant les Grammairiens remarquent que *dehors* eſt quelquefois prépoſition : cela arrive, diſent-ils, lorſque *dehors* a un cas exprimé ou ſous-entendu ; comme *par dehors des murailles, par dehors de la ville.* En effet dans ces occaſions, *dehors* a un cas ſous-entendu, il ſe rapporte au lieu dont il a été parlé.

Remarquez que dans *hors*, l'*h* doit s'aſpirer ; ainſi ne prononcez point, *il eſt ors d'ici* ; mais prononcez, *il eſt hors d'ici.*

DIT-IL, QU'IL DIT, QU'IL DISOIT, QU'IL S'ENALLOIT.

N'uſez jamais, lorſque vous racontez quelque choſe, de ces mauvaiſes manieres de parler, *il me dit, dit-il ; elle me dit, dit-elle.* Cette faute échappe à beaucoup de perſonnes, à qui il ſemble qu'il ne devroit jamais en échapper de ſemblables.

Une autre faute auſſi ridicule, & encore plus ordinaire, eſt d'entre-couper les narrations avec les phraſes qui ſuivent ; *qu'il dit, qu'il diſoit, qu'on diſoit, qu'il s'en alloit.*

Au lieu de dire, *c'eſt un fripon, qu'il dit, ne vous y fiez pas* : il faut dire, *c'eſt un fripon, dit-il, ne vous y fiez pas.*

Au lieu de ces phraſes, *entrez chez moi, qu'il diſoit ; allez vous en, qu'elle s'en alloit* : il faut dire, *entrez chez moi, diſoit-il ; allez vous en, diſoit-elle.*

D E V E N I R.

Le verbe *devenir*, ſignifie *changer d'état* ; ainſi on dit très-bien, *il eſt devenu plus ſage, vous me ferez devenir fol, cet homme eſt devenu pauvre.*

Mais lorſqu'on emploie le verbe *devenir*, pour ſignifier *changer de lieu*, on fait une faute. Ne dites donc pas, comme tant d'autres, *je deviens de chez moi, d'où devenez vous ? il en devient* ; vous devez dire, *je viens de chez moi, d'où venez-vous ? il en vient.*

DROIT.

Etre droit, c'eſt n'être pas courbé ;
mais en Lorraine, *être droit*, ſignifie
n'être point aſſis ; & au lieu de dire,
vous êtes debout ; on dit, *vous êtes droit* :
au lieu de dire, *tenez-vous debout*, *j'é-
tois debout* ; on dit, *tenez-vous droit,
j'étois droit*.

Cependant chacun devroit ſavoir qu'on
peut être *droit* & *aſſis* en même temps.
On ſe tient *droit* étant *aſſis*, on ſe tient
droit étant *debout*. Une perſonne qui ſe
tient bien ſur ſa chaiſe, on dit qu'elle
ſe tient *droite* ; à un enfant qui ſe tient
mal ſur ſa chaiſe, on dit, *tenez-vous
droit* ; & cela ne veut pas dire, *levez-
vous, & tenez-vous debout*. Ne dites donc
point, *j'étois droit au ſermon* ; mais dites,
j'étois debout au ſermon. Ne dites point
je ſuis las d'être droit ; mais dites, *je
ſuis las d'être debout*. Ne dites point, *tout
le monde eſt droit devant le Roi* ; mais
dites, *tout le monde eſt debout devant le
Roi, perſonne n'eſt aſſis devant le Roi*.

La voyelle E.

A parler en général l'*e* se prononce très-mal en Lorraine, même dans les discours publics.

1°. L'*e* muet, qu'on appelle autrement l'*e* féminin, parce qu'il sert, étant placé à la fin d'un nom, à distinguer le féminin du masculin; comme dans les exemples suivants, *constant, constante, bon, bonne*. Cet *e* muet, les Lorrains ne le prononcent point du tout, soit qu'il se trouve à la fin des mots, soit qu'il se trouve au milieu. Le Lorrain fait tout le contraire du Gascon : celui-ci appuie trop sur les *e*, & celui-là n'y appuie pas assez.

Voici à cet égard la regle la plus précise, que l'on puisse donner par écrit. 1°. Dans la conversation familiere appuyez, mais appuyez légérement sur l'*e* muet, soit qu'il soit au milieu du mot, soit qu'il soit à la fin. 2°. Dans la lecture & dans la déclamation, ap-

puyez d'avantage sur l'*e* muet, & don-
nez-lui un peu plus de son. Ne dites point,
*il r'vient, je r'connois, j'veux, j'crois, un
hom pacific* ; mais dites, *il revient, je
reconnois, je veux, je crois, un homme
pacifique.*

2°. L'*ê* ouvert, & qui se prononce long
à cause de l'accent circonflexe qui
est dessus, les Lorrains ne le prononcent point assez ouvert. Ils disent,
*vêïpres, prêïtre, honnäïte, têïte, feïte,
bêïte* ; il faut dire, *vêpres, prêtre, hon-
nête, tête, fête, pêche, bête* & *coëfe,*
prononçant l'*ê* fort clair & fort ouvert,
comme on le prononce dans les mots
forêt & *intérêt.*

3o. L'*é* fermé que l'on appelle aussi l'*e*
masculin, parce qu'il sert souvent à marquer le masculin des participes passifs,
comme *aimé, écouté, blâmé, jugé, &c.*
les Lorrains le prononcent mal, sur-tout
à la fin du mot. Ils disent, *aiméye,* pour
aimé; agréyable, pour *agréable; épou-
vantéye,* pour *épouvanté; bontéye,* pour

bonté. Cet *é* doit se prononcer d'un son aigu & bref, sans nul mêlange d'autres lettres. Seulement lorsqu'il est suivi d'une *s*, comme dans *bonté, amitié,* on le prononcera long. *Bontēs, amitiēs , vos bontēs, vos amitiēs.*

4°. *Es ,* lorsqu'il est marqué d'un accent grave, comme dans *très, auprès , après, excès, procès, accès, progrès,* doit être prononcé très-clair & très ouvert, & avoir à peu près le même son que *ois* dans *j'aimerois, je dirois, françois, &c.* La regle est de garder un juste milieu, entre *as* & *és.* Ainsi vous ne direz point, *des progras , ni des progrés ;* mais vous direz, *des progrès.*

5°. L'*é* se prononce encore assez mal dans ces mots *liévre, fiévre, miévre.* L'*é* du milieu est bref ; ainsi ne dites point *liēvre, fiēvre, miēvre ;* mais dites, *liĕvre fiĕvre , miĕvre.*

Il y auroit beaucoup d'autres observations à faire sur cet article , mais il seroit trop difficile de les faire par écrit.

J'avertis seulement en finissant, que les
e se rencontrant très-fréquemment dans
les mots françois, il est impossible que
l'on parle bien, si on les prononce mal;
& que par conséquent c'est un objet qui
mérite la plus grande attention.

É C A I L L E.

Les tailleurs & les couturieres appellent *des écailles*, les petites pieces & les
retailles qui restent, après qu'un habit,
ou le linge est coupé. Les personnes d'un
état plus relevé, ne doivent pas suivre
leur exemple, & elles doivent dire, *des
piéces. Il me reste des piéces, voici une
petite piéce, un petit morceau que je vous
donne.*

Ecailles, est ce qui couvre la peau des
poissons; ou tout au plus, les petits mor-
ceaux qui se détachent des pierres ou du
marbre.

É C L A I R, O R A G E.

Eclair, est un nom substantif masculin; lorfqu'on le fait féminin, c'eſt une méprife. Ne dites point comme le peuple, *les éclairs ſont fortes, on voyoit des éclairs affreuſes, une premiere éclair, une ſeconde éclair*; dites, *les éclairs ſont forts, on voyoit des éclairs affreux, un premier éclair, un ſecond éclair*.

Orage eſt auſſi un ſubſtantif maſculin, que les perſonnes mal inſtruites font mal-à-propos féminin. On dit, *un orage ſoudain, la méditerranée eſt ſujette à de furieux orages, nous avons ſurmonté tous les orages*.

Remarquez que dans le mot ŏrăge, les deux premieres ſyllabes ſont brèves.

ÉCRIT, ÉDREDON.

Lorſque dans un imprimé il y a des notes ou des additions manuſcrites, il ne faut pas dire, *cela eſt écrit à la main*; mais, *cela eſt à la main*.

L'*édredon* eſt un oiſeau du Nord, dont le duvet eſt eſtimé. Le peuple de Lorraine l'appelle *aigledon*; c'eſt *édredon* qu'il faut dire. On dit, *un couvrepied d'édredon*; & non pas, *un couvrepied d'aigledon*.

E N

Quantité de personnes font de mauvaises constructions avec la particule *en*. Elles disent, par exemple, *il en a un des habits, il y en a deux des lieues*; c'est parler d'une maniere détestable. Si on vous demande, *combien il a d'habits*; répondez, *il en a un*, ou *il en a deux*, sans ajoûter *des habits*. Si on vous demande *combien il y a de lieues*; répondez, *il y en a deux*, *il y en a trois*, sans ajoûter *des lieues*. Au trictrac & au jeu de dames, vous direz, *il y en a deux de découvertes, il y en a deux de damées*; & non pas, *deux des découvertes, deux des damées*. Ne dites point non plus, *en place de*, mais, *à la place de*; *à la place de la muraille, j'ai planté une haye*.

Engelures.

Les *engelures*, font un mal qui prend aux mains & aux pieds, & qui eft occafionné par le froid. Chaque Province donne à ce mal un nom différent. En Bretagne on dit, *des géales*; en Lorraine *des gélures*. Le vrai nom eft *engelures*, & il eft féminin. J'avertis que le Dictionnaire de Trévoux, édition de Nancy, marque ce nom mafculin, c'eft une méprife de l'Imprimeur, qui en a fait mille autres pareilles; ce qui rend fon ouvrage très-imparfait, & empêche qu'on ne puiffe y avoir aucune confiance pour la partie de la grammaire & de l'ortographe; partie néanmoins très-effentielle dans ce Dictionnaire.

Epi, Épinars, Échalotte, Espace, Étiquette, Etang, Exercice.

1°. *Epi* eft un fubftantif mafculin, qui vient du mot latin *fpica*. Dites, *les* épis *font beaux* ; & non pas, les *épis font belles.*

Quoique ce mot puisse s'écrire par, *es*, la premiere syllabe est brève.

2°. *Epinars*, est encore un mot dont le peuple est sujet à changer le genre. Souvenez-vous qu'il est masculin, & qu'on dit, *de bons épinars, des épinars bien apprêtés, bien assaisonnés* ; & non pas *de bonnes épinars, des épinars bien apprêtées, bien assaisonnées.*

3°. *Echalotte*, espece d'oignon que l'on met dans les Sauces. C'est un nom substantif féminin. Ceux qui disent, *j'aime les échalots, ces échalots font trop forts,* font une faute ; ils doivent dire, *j'aime les échalotes, ces échalottes font trop fortes.*

4°. *Espace*, est un substantif masculin que plusieurs par méprise font souvent féminin. Il faut dire, *un grande espace, espace corporel, espace local, des espaces égaux, un espace infini.* &c.

5°. *Etiquette*, est un substantif féminin. ; Cependant lorsqu'on emploie pour exprimer le cérémonial de la Cour, on le fait ordinairement masculin dans cette Province. C'est une faute, & l'on en fait une encore plus répréhensible, lorsqu'aulieu *d'étiquette*, on dit, *étiquet*, donnant à ce mot la même terminaison qu'à *piquet* & *hoquet*.

6o. *Etang* ne se dit qu'au masculin. Ne dites donc pas, *l'étang fut pêchée l'année derniere*, *cette étang a été empoissonnée nouvellement*. Mais dites, *l'étang fut pêché l'année derniere*, *cet étang a été empoissonné nouvellement*. Vous direz très-bien, *l'étang de Lindre est le plus grand de la Lorraine* ; Mais il ne faut pas dire, *la plus grande*.

7o. *Exercice* est encore un substantif masculin. *L'exercice s'est fait à quatre heures*, *l'exercice étoit beau aujourd'hui*.

Exorde est aussi masculin, aussi bien qu'*Auditoire*.

EU, EUX, EURS.

1o. Les noms terminés en *eu*, comme *feu*,

feu, *Dieu*, *jeu*, &c. fe prononcent en Lorraine avec un fon obfcur & en ferrant les dents; il faudroit au contraire les prononcer avec un fon très-clair & très-ouvert.

Je dis la même chofe des mots qui fe terminent en *eux*, comme *joyeux*, *envieux*, *heureux*, &c. Et de ceux qui finiffent en *eur*, comme *railleur*, *joueur*, *meilleur*, *malheur*, &c.

2o. C'eft parler contre les regles que de dire, *il faut le renvoyer chez eux*, *qu'il s'en aille chez eux*; on doit dire, *chez lui*, *chez les fiens*, *chez fes parens*. On pourroit dire, *je les ai renvoyé chez eux*, *ils font allés chez eux*; parceque *eux* fe rapporte à *les* ou à *ils*, qui eft au pluriel.

ÉVENTAIL, ÉVANGILE.

1o. *Eventail*, eft un nom mafculin tant au fingulier qu'au pluriel. Il faut dire, *un éventail brillant*, *prenez votre éventail & rendez-moi le mien*, *mon éventail eft plus beau que le vôtre*,

D

Autrefois on difoit, *des éventaux.* ce feroit une faute groffiere, de le dire maintenant.

2°. *évangile,* fe dit au féminin, lorfqu'on parle de la leçon de l'évangile qu'on lit à la meffe. Dites, *la premiere évangile, la feconde évangile.* Hors de là, *évangile* eft toujours mafculin. *Le faint Evangile, l'Evangile a été porté aux Nations, l'Evangile eft prêché par toute la terre.*

EXCUSES.

Ce n'eft pas feulement dans cette Province que l'on dit, *je vous démande excufe;* c'eft par toute la France qu'on le dit, parce que par-tout il y a des perfonnes qui parlent fans faire attention à ce qu'elles difent. Il femble cependant qu'il n'en faudroit pas beaucoup pour s'appercevoir que cette phrafe eft un contre-fens, & qu'il faut dire, *je vous fais excufe,* ou *je vous démande pardon.*

ESCALIER.

Esfcalier est la partie d'une maison par laquelle on monte dans les appartemens supérieurs. Il est composé de plusieurs *marches* ou *dégrès*. C'est mal-à-propos que l'on appelle ces *degrés* ou ces *marches* des *escaliers*. Dans un *escalier*, il y a plusieurs *marches* ou plusieurs *degrés*; il n'y a point plusieurs *escaliers*.

FAIRE.

Très-souvent vous entendez dire, en parlant d'un malade, *comment fait-il ? que fait-il? allez voir ce qu'il fait.* Tout cela est mal dit. Il faut dire, *comment va-t-il? comment se porte-t-il? allez voir comment il se porte.*

Remarquez qu'il ne faut pas dire, *comme il se porte*, dans la derniere phrase; mais, *comment il se porte.*

Il y a cette différence entre *comme* & *comment*, que *comme* se rapporte à la personne; & *comment* à l'action. Par exemple je dirai , *regardez comme il court* ; en parlant d'un homme qui s'enfuit. Mais si je parle d'un maître de danse qui vous apprend à marcher bien, je dirai, *regardez comment il marche, & marchez de même.* S'il s'agit d'un grand parleur qui babille beaucoup, je dirai, *voyez comme il parle* ; mais si je veux faire remarquer l'éloquence d'un Orateur & son talent, je dirai , *remarquez comment il parle, afin de l'imiter.*

Cependant on pourroit dire, *remarquez comme il parle bien* ; parce qu'alors *comme* se rapporte à la personne ou à l'adverbe *bien.*

FALLOIR.

Falloir, fait au présent du subjonctif *qu'il faille.* Ainsi je dirai, *je ne crois pas qu'il faille,* au lieu de dire, *je ne crois pas qu'il falle.*

Le verbe *falloir* se conjugue de la maniere qui suit : *il faut, il falloit,* (& non pas, *il failloit,*) *il fallut, il a fal-

lut, *il faudra*, *qu'il faille*, (& non pas, *qu'il falle*,) *qu'il fallût*, *il faudroit*.

Remarquez que *faille* au subjonctif a la premiere syllabe longue ; Si vous faites la premiere breve, ce ne fera plus *faille* qui vient de *falloir* ; mais, *faille* qui vient de *faillir*.

FIER, FIERTÉ.

Fier signifie vain, *orgueilleux*, *hautain*. La *fierté* eft oppofée à la modeftie ; bien que le P. Bouhours ait très-finement reremarqué, que la même perfonne peut avoir tout à la fois un air fier, & un air modefte. Telle eft donc la vraie fignification des mots *fier* & *fierté*.

Cependant en Lorraine on appelle *fier* ce qui eft aigre. On dit, *ce vin eft encore fier*, *ce fruit eft fier*, *cette fauffe eft trop fiere* ; il faut dire, *ce vin eft encore verd* ; ou bien, *ce vin eft dur*, *ce fruit eft aigre*, *cette fauffe eft trop aigre*.

Flan, Frapouille, Frais, Frilleux

1°. *Flan* est une espece de pâtisserie, à laquelle en Lorraine on donne le nom de *flon*. C'est une erreur, qui provient sans doute de ce que l'on écrivoit jadis *flaon*, des *flaons*, & qu'en latin on disoit *flatones*, & peut-être *flaones*.

2°. *Frapouille* pour dire guenille, ne sauroit se passer qu'aux personnes du dernier rang.

3°. On dit *frais* au masculin, & *fraîche* au féminin. *L'air est frais, vous avez les mains fraîches, du vin frais, de l'eau fraîche*; ne dites donc jamais, *l'air est fraîche, le vent est fraîche*.

4°. Il faut dire d'un homme délicat & sensible au froid, *qu'il est frilleux!* & non pas, *qu'il est frileux! Frillieux* n'est qu'une abbréviation de *froidilleux*, qu'on disoit autrefois.

GAYEMENT, PROMPTEMENT.

1°. Les Lorrains font le mot *Gaye-ment* de trois fyllabes, & ils prononcent comme s'il étoit écrit *gueillement*. C'eft une faute confidérable. L'*e* qui fuit l'*y*, eft infenfible dans la prononciation, & il ne fert qu'à rendre la premiere fyllabe un peu longue. C'eft ainfi que dans les mots *prierons*, & *remercierons*, l'*e* ne fe prononce point, mais il avertit qu'on doit faire l'*i* un peu long. Il y a même des Auteurs qui écrivent *gaîment*.

Comme on ne dit point *gueille* pour *gaie*, il femble qu'on ne devroit pas être porté à dire *gueillement* pour *gaye-ment*.

2. Je dis à peu près la même chofe de l'adverbe, *promptement* qu'il fautpro noncer comme s'il étoit écrit *prontement* fans faire fentir le *p*.

GENIEVRE, GENS, GENTIL, GENTILHOMME.

1°. On ne doit point dire, *une fauſſe de genêvre*; mais, *une fauſſe de genievre*. L'arbre qui poduit cette graine, ſe nomme *Genevrier*; mais la graine ſe nomme *genievre*.

2°. Beaucoup de perſonnes prononcent *genſes, ces genſes là, bien des genſes*; dites, *ces gens là, bien des gens*, ſans faire ſentir l's, excepté lorſque le mot qui ſuit commence par une voyelle ; comme dans cet exemple, *il a mis les gens à la porte*; mais alors l's a le même ſon que le z.

3°. Preſque tous les Lorrains, ſans excepter les gens de lettres, donnent au mot *gentil* une ſignification qu'il avoit bien autrefois, mais qu'il n'a plus maintenant. *Gentil*, ſignifie *joli*; encore ne doit on uſer de ce mot, que lorſqu'on affecte un ſtyle familier & populaire. On peut dire, *cette petite fille eſt gentille, cet enfant eſt gentil*, pour faire entendre, qu'ils ſont d'une jolie figure.

4°. L'on fait une grosse faute, lorsqu'on prononce *genteilhomme* pour *gentil-homme*. L'*i* se prononce dans *gentilhomme* comme dans *gentillesse*, *gentille* & *lentille*. Il seroit ridicule de dire, *genteillesse*, *genteille*, *lenteille*; il ne l'est pas moins de dire, *genteilhomme*.

GLU, GOMME.

1°. *Glu* est une drogue dont on se sert pour prendre les oiseaux. C'est un nom féminin. Dites, *de la glü excellente*, *prendre les oiseaux à la glü*, & remarquez que *glü* est bref.

2°. *Gomme* est un nom féminin. On commet deux sortes de fautes, en usant de ce mot. 1o. On le fait quelquefois masculin. 2°. plusieurs prononcent *gôme*, en faisant la premiere syllabe longue, & il faut prononcer *gŏmme* aussi breve que *pomme*.

GOBER, GOUT, GOUTTE.

1°. On ne doit point dire, *gŏber un*

œuf; mais il faut dire, *avaler un œuf,
humer un œuf.* Ne dites point non plus,
gŏber l'air; mais, *humer l'air.* La premiere syllabe est breve.

2°. *On sent un goût,* n'est point une
phrase françoise. Dites, *on sent une odeur,
dans cette chambre on sent une mauvaise
odeur, on sent une odeur désagréable.*

3°. *Goutte* ne se dit güeres au pluriel.
On doit dire, *j'ai la goutte, il est sujet
à la goutte, goutte remontée.*

Cependant il est des phrases populaires,
où l'on peut employer le pluriel comme
le peuple. Par exemple, lorsqu'on parle
d'un homme qui s'enfuit avec une grande vîtesse, on dit par plaisanterie, *il n'a pas
les gouttes*; on pourroit dire aussi, *il n'a
pas la goutte* : mais le premier est meilleur, parceque les proverbes ne se changent point.

Une seconde exception, est quand on
parle d'un goutteux, qui est noué & per-
clus. On dit de lui, *qu'il est perdu de gou-
tes* ? & non pas *de goutte.* Hors ces

deux cas, je pense qu'il faut toujours employer le singulier.

Lorsqu'on dit, *les Médecins ne savent point guérir les gouttes* : Lorsque les Médecins eux-mêmes disent, *les gouttes proviennent de telle & telle cause, il y a beaucoup de gouttes dans cette Province*; la raison pour laquelle on employe le pluriel, est qu'on parle alors de plusieurs especes de gouttes, ou de plusieurs personnes qui en sont attaquées. De ce qu'on peut dire, *il y a beaucoup de fiévres dans cette saison*, il ne s'ensuit pas qu'on puisse dire, *j'ai les fiévres, les fiévres m'ont repris* ; parce que chaque personne n'en a qu'une. De même, quoique l'on dise, *les gouttes sont des maladies incurables*; on ne dira pas pour cela, *j'ai les gouttes, les gouttes m'ont repris.*

GOUVERNEMENT, GREVE GRIL, GRILLE, GROS.

1º. Quelques personnes disent; *gou-*

vernation pour *gouvernement*; *cette femme a tout en gouvernation*; pour *en gouvernement*. C'eſt un barbariſme inexcuſable.

2°. Mal-à-propos on appelle *greve*, le gros ſable dont on couvre les chauſſées; le vrai nom eſt *gravier*. Dites, *l'on a fait jetter du gravier ſur les chemins, on roule ſur le gravier*; mais ne dites point, *on a fait jetter de la greve, on roule ſur la greve*.

La greve, eſt le bord de la riviere ou de la mer, d'où l'on tire ordinairement *le gravier. Aller ſe promener ſur la greve*, c'eſt *aller ſe promener ſur le bord de la riviere* ou *ſe promener ſur le bord de la mer*.

Cependant lorſque vous parlez de *gravier* à des ouvriers, il faut dire, *de la greve*, ſans quoi il ne vous entendront pas. Mais dans la converſation ordinaire, c'eſt une faute contre la langue de dire, *de la greve* pour *du gravier*.

3°. *Grille* ſubſtantif féminin eſt un

treillis de fer ou de bois, tel qu'on en
voit dans les parloirs des Religieuses.
Dites, *la grille est ouverte, la grille est
fermée, la grille du chœur;* & non pas,
le grille. Dites, *j'ai entendu le sermon
auprès de la grille;* & non pas, *auprès
du grille.*

4°. *Gril* substantif masculin, est un
meuble de Cuisine que tout le monde
connoît. Dans la conversation on ne
fait point sentir l'*e*, & l'on prononce *gri*,
quoiqu'on écrive *gril; mettez ces saucisses
sur le gril.* Mais dans une lecture, dans la dé
clamation : en chaire, par exemple & au
barreau, on fait sentir l'*l*, & on la
mouille. On dira, *Saint Laurent souffrit
le martyre sur un gril*, faisant sonner l'*l*
comme dans *grille.*

5°. *Gros.* l'*o* dans ce mot doit se prononcer fort ouvert. On reproche aux Lorrains de prononcer mal les *o*, & les *au*,
de ne les prononcer pas assez ouverts.

HUITAINE.

De ce qu'on dit *une huitaine, une dou-*

zaine, *une vingtaine, une centaine, &c.*
il ne s'en fuit pas qu'on puiffe dire, *une*
deuxaine, une troifaine, une quatraine.
il faut dire, *une paire, une paire & demie,*
deux paires.

HÉLAS! HEURE, HORLOGE, HOTEL, HYMNE.

1°. *Hélas!* eſt une efpece d'interjection, dont on fe fert en Lorraine pour
exprimer l'étonnement. Ce mot eſt françois, mais on ne doit s'en fervir, que
pour marquer la douleur, la triſteſſe
ou le repentir. En ufer autrement, c'eſt
une faute, qui pour être fort commune,
n'en eſt pas moins repréhenſible.

2o. *heüre, heüreux,* ne fe prononcent
pas bien dans certe Province, 1o. la premiere fyllabe doit fe prononcer breve,
& communément on la prononce longue.
2e. Cette même fyllabe doit fe prononcer de la gorge, avec un fon très-clair,
& on la prononce ordinairement avec

un son obscur, & du bout des levres.

3°. *Horloge* est un substantif féminin. On doit dire, *une grosse horloge, une belle horloge.* Il y a un proverbe qui dit : *c'est l'horloge du palais, elle va quand il lui plaît.*

4°. *Hôtel* est le nom qu'on donne aux maisons occupées par des grands Seigneurs ; ce nom est masculin. Dites, *un bel hôtel* ; & ne dites pas, *une belle hôtel*, prononcez l'o fort ouvert.

5°. *Hymne* est du féminin, quand on parle des hymnes de l'office divin ; hors de là, *hymne* est de masculin.

Observation sur l'H.

Peu de personnes savent distinguer parfaitement au commencement des mots l'*h* aspirée, de l'*h* qui ne s'aspire point. Cette distinction même est d'autant plus difficile, qu'il y a peu de regles générales à donner sur cet objet, & que les plus générales ne sont pas sans exception.

Une de ces regles, est que l'*h* ne s'aspire point au commencement des mots françois, lorsque ces mots descendent du latin. Cependant cette regle souffre plusieurs exceptions ; car dans *harpie*, *héros*, *huns*, *hideux*, (qui vient évidemment de *hispidus*,) & dans beaucoup d'autres mots l'*h* s'aspire. Mais dans *hispide*, qui vient plus directement de *hispidus*, l'*h* ne s'aspire point.

La difficulté paroît encore plus grande, lorsqu'on fait attention qu'il y a des mots qui commencent par une *h*, laquelle ne s'aspire point dans la conversation, quoiqu'elle s'aspire dans la déclamation. Par exemple, dans la prononciation familiere, l'*h* de *hallebarde* n'est point aspirée, & elle l'est dans la déclamation. En conversant, je dirai *une allebarde* ; en lisant ou en déclamant, je dirai *une hallebarde*.

Enfin il y a des mots comme *henri*, dont l'*h* peut indifféremment s'aspirer, & ne pas s'aspirer.

Le

Le moyen donc le plus fimple, d'inf-
truire fur cette matiere la jeuneffe pour
laquelle je compofe cet Ouvrage, eft de
lui donner le catalogue des mots qui commencent par une *h* afpirée.

CATALOGUE

des Mots où l'H eft afpirée.

Habler, hablerie, hableur.

Hache, hacher, hachette, hachereau,
  hachis, hachoir, hachure.

Hagard.

Hague, (nom d'un canton de Baffe-
  Normandie.)

Hai! (exclamation.) haye.

Haillon.

Haïr, haîne, haîneux, haïffable.

Haire.

Haler, halage, hâle, haleur.

Hallebarde, hallebardier. *(Voyez la
  remarque ci-deffus.)*

Hallier.

E

Halte.

Ham. (nom de plusieurs Villes.)

Hamac.

Hameau.

Hampe.

Hanap.

Hanche.

Hanneton.

Hangar.

Hanter, hantise.

Happelourde.

Happer.

Haquenée

Harangue, haranguer, harangueur.

Haras, harasser.

Harceler.

Harde.

Harder. (troquer.)

Hardi, hardiesse, hardiment.

Harang, harangere, harangerie.

Hargneux.

Haricot.

Haridelle.

Harnacher, harnachement, harna-
cheur, harnois.

Haro, (terme de la coûtume de Nor-
    mandie.)

Harpe.

Harper, harpigner, harpin, harpon,
    harponner, harponneur.

Harpie.

Hart.

Hase, (la femelle d'un lapin ou d'un
    lievre.)

Haste, hastaire.

Hâte, hâter, hâtif, hâtivement, hâ-
    tiveté, (terme de jardinier.)

Havanne, (nom de ville en Amérique.)

Have.

Havre, (Port de mer.)

Havresac.

Hausser, haut, hautain, hautesse.

Haie.

Haynaut, (Province des Pays-bas.)

Hazard, hazarder, hazardeux.

Hennir, hennissement.

Henri, Henriette, (voyez la remar-
    que ci-dessus.)

E ij

Hérault, héraulderie.

Here.

Hérisser, hérisson, hérissonner.

Héron.

Héros; (mais dans les mots qui en
 dérivent, comme *heroïne*, *héroïque*,
 héroïcité, *heroïde*, l'*h* n'est point
 aspirée.)

Herse, herser, herrement.

Hesse, Hessois.

Hêtre.

Heurt, heurter.

Hibou.

Hideux.

Hobereau, (nom d'oiseau.)

Hoche, hocher, hochet.

Hogue, (nom de lieu.)

Hola.

Hollande, Hollandois.

Holstein, (nom de pays.)

Hon, (sorte d'interjection.)

Honfleur, Harfleur, (noms de villes.)

Hongre, Hongrie, Hongrois.

Honnit, honte, honteux, honteuse-
 ment.

Hoquet, hoqueter.

Hoqueton.

Hors, horsmis, hors d'œuvre.

Hotte, hottée, hotteur, hottereau.

Houblon, houblonniere.

Houlette, houe.

Houppe, houppelande, houpper, houppier.

Hourvari, (il y a des Provinces où l'on dit *voulvari*.)

Houseaux.

Housart, housse, housser, houssine, houssoir.

Houx.

Hu, hucher, huchet, huer, huée.

Huguenot, huguenotisme.

Hune, hunier.

Huppe, (nom d'un oiseau.) hupper.

Hurler, hur lu brelu.

Huron, (nom d'un peuple sauvage.)

Hute, huter.

D'après ce Catalogue on doit voir aifément les fautes, où tombent ordinaire-ment ceux qui ne l'ont pas lu. La plu-part difent, *il eſt'onteux*, pour *il eſt hon-teux*, *un fruit'atif*, pour *un fruit hatif*; *un'éros*, *les'éros* pour *un héros*, *les hé-ros*; *un'azard*, pour *un hazard*; *des'urlemens*, pour *des hurlemens*; *des'a-rangues*, pour *des harangues*, &c. Lifez un Ouvrage, qui vient de paroître, qui a pour titre : *Remarques Grammaticales fur l'aſpiration & la nazalité.*

JETTER.

Jetter, c'eſt pouſſer quelque chofe au loin. On dira très-bien, *jetter la pierre à quelqu'un*, *jetter les cartes fur la table*, *jetter de l'eau par la fenêtre*, *jetter un homme fur le carreau*, *ſe jetter fur un lit*. Mais plufieurs emploient ce mot pour *verfer*; ils difent, *jettez du caffé dans cette taſſe*, *jettez doucement*, *jettez en-core un peu*; c'eſt parler très-mal, on doit dire, pour s'exprimer correctement, *verfez du caffé dans cette taſſe, verfez doucement, verfez encore un peu.*

Les Noms terminées en I E R

Les noms qui finissent en *ier*, comme *papier, tablier, grenier, dernier, perruquier*, se prononcent ordinairement très-mal en Lorraine. L'organe même est tellement gâté par la prononciation nationale, qu'on a beaucoup de peine à s'en corriger. Il faut faire sentir l'*é* & le prononcer ouvert, comme dans *lié, delié, amitié*.

Il y a dans Nancy un Perruquier, qui a écrit son enseigne comme il prononce ; car il a mis, *N. Perruquiir fait les cheveux à la derniire mode.*

J'ai remarqué encore que beaucoup de personnes disent : *Notre-Dame de pitii*, pour *Notre-Dame de pitié*. C'est une faute. *ié* dans *pitié* se prononce, comme dans *estropié, chatié*.

Impossible que je puisse.

Ceux qui savent parler, ne diront jamais, *il est impossible que je puisse faire ce que vous me demandez.* Cependant, cette maniere de parler échappe à beaucoup de personnes, non-seulement dans cette Province, mais dans presque toutes. Je me souviens même de quelques ouvrages modernes, & assez bien écrits, où elle se rencontre, c'est un abus. Il faut dire, *il est impossible que je fasse,* ou *il m'est impossible de faire ce que vous me demandez.*

INDEMNISÉ, INDEMNITÉ, INDEMNE.

Dans *indemnisé* & *indemnité* l'*e* de la seconde syllabe se prononce comme l'*a* & l'*m* doit se faire sentir ; comme s'il étoit écrit *indamenifer, indamenité.*

Je doute qu'on puisse dire *indemne,* si ce n'est peut-être au Barreau ; au moins faudroit-il, en le disant, observer la regle que je viens de rapporter.

JOLI, JOUG, JUSQUE.

1°. Excepté les Gens de lettres, peu

de perſonnes ſentent la différence qui
eſt entre *beau* & *joli*; cependant il y
en a une très-remarquable & très-facile
à ſaiſir. *Beau* ſe dit des choſes grandes,
excellentes & magnifiques : & *joli*, des
choſes petites qui ont de l'agrément. On
dit, *un beau Château, un beau palais,
une belle Cathédrale, un beau poëme épi-
que*; & l'on doit dire, *un joli vuide-bou-
teille, un joli boſquet, une jolie chapel-
le, une jolie chanſon.* C'eſt un bon trait
de ſatyre dans Boileau, lorſqu'il fait dire
à ſon campagnard :

 *A mon gré le Corneille eſt joli quel-
 quefois.*

 2°. *Joug* ne ſe prononce pas bien chez
les Lorrains. Le *g* doit ſe prononcer
comme un *k*, mais les uns ne le prononcent
point du tout, & diſent *jou, le jou de
la ſervitude, le jou des paſſions ;* les autres le prononcent, comme s'il y avoit
*jougue, un jougue inſupportable, ſecouer
le jougue de l'autorité.*

 3°. Pluſieurs diſent, *juque là, pour juſ-*

que là; *juqu'au bout du monde*, pour *jufqu'au bout du monde*. Quelques Prédicateurs difent, *juqu'à la confommation des fiécles*, *juqu'à la mort*; pour *jufqu'à la confommation des fiécles*, *jufqu'à la mort*. C'eft une faute, on doit faire fentir l's dans *jufque* auffi fort, que dans le mot latin *ufque*.

LEVÉE.

La plupart difent en jouant aux cartes, *j'ai fait un levé*; *le dernier levé eft à moi*, *nous faifons fix levés*, *vous en faites un de plus*; c'eft parler contre les regles. On doit dire, *j'ai fait une levée* ou *une main*, *la derniere levée*, *la derniere main eft à moi*, *nous faifons fix levées*, *vous en faites une de plus*.

LE, LA, LES, DES, ILS.

En Lorraine le peuple emploie ridiculement les articles *le*, *la*, *les*. Comme l'exemple eft contagieux, & que des perfonnes qui ne font pas du peuple, tombent quelquefois dans cette forte de faute , j'ai cru devoir la remarquer ici. Ne dites donc jamais , *l'homme-là, l'enfant-là, la fois-là , la maifon-là &c.* il faut dire , *cet homme-là, cet enfant-là, cette fois-là, cette maifon-là.*

Ne dites point non plus , *j'ai chaud les pieds , j'ai froid les mains, j'ai mal la gorge;* mais dites , *j'ai chaud aux pieds* ou *j'ai les pieds chauds; j'ai froid aux mains,* ou *j'ai les mains froides; j'ai mal à la gorge, j'ai mal à la tête, j'ai mal aux yeux, &c.*

Une autre faute non moins confidérable, & cependant très-ordinaire, eft de dire, *voilà de la bonne étoffe, j'en ai de la meilleure, en voilà de la plus belle, en voulez-vous de la moins fine?* &c. Il faut dire, *voilà de bonne étoffe, j'en ai de meilleure, en voulez-vous de moins fine?* &c. Dités, *ces mouchoirs font grands, mais j'en ai d'auffi grands, j'en ai de plus grands.* Ne dites point, *j'en ai des auffi grands, j'en ai des plus grands.*

Plusieurs en lisant, lorsqu'ils rencontrent les monosyllabes *des*, *les*, *ils*, devant des consonnes, font sentir l'*s*, ils ont tort; l'*s* ne se fait sentir que devant les voyelles. Il ne faut donc point prononcer, *ilse disent*; mais, *ils disent*; l'*s* ne servant qu'à faire prononcer long le mot *ils*. Il ne faut point dire, *lesse décisions*, *les piéces du procès*; mais *lēs décisions*, *lēs piéces du procès*, en donnant à *les* le même son, que dans le mot *palais*.

L'*s* qui désigne le pluriel, ne se fait sentir que devant les voyelles, comme je viens de le dire; & alors elle a le même son que le *z̧*, *lez̧ oraisons*, *lez̧ avis*, *lez̧ oiseaux*.

Les Longues & les Breves.

Il y a une quantité de mots dans la langue, où les Lorrains prononcent long ce qui doit être prononcé bref. J'en ai déjà fait remarquer plusieurs dans le cours de cet Ouvrage, en voici encore quel-

ques-uns que je rassemble dans cet article. Vous dites communément, *malāde*,
commōde, incommōde, mōde, cālice, prome-
nāde, aubāde, salāde, sérénāde, heūre,
compāgne, campāgne, montāgne, cocā-
gne, Espāgne, Bretāgne, poëte, lunēville,
fromāge, &c. il faut dire, *mŏde, com-*
mŏde, incommŏde, călice, malăde, salăde,
promenăde, aubăde, sérénăde, heŭre, cam-
păgne, compăgne, montăgne, cocăgne,
Espăgne, Bretăgne, poëte, Lunĕville, fro-
măge, &c. Ne dites point non plus,
je suis en Lōraine, je suis Lōrain; mais
je suis en Lŏrraine, je suis Lŏrrain.

Malgré que.

Malgré que est un adverbe, qui ne
se dit plus maintenant, que dans quelques Provinces éloignées de la Capitale.
On doit dire, *quoique*; je ne dirai donc
point, *malgré que la chose soit difficile,*
malgré qu'il m'ait fait beaucoup de mal;
mais je dirai, *quoique la chose soit dif-*
ficile, quoiqu'il m'ait fait beaucoup de
mal.

Cependant cet adverbe se trouve encore dans Vaugelas. C'est peut-être le dernier homme de Lettres qui s'en soit servi.

MIGNOT, MIGNOTE, MIGNOTER, MIGNOTISE.

En Lorraine on dit des personnes délicates & qui s'écoutent sur leur santé, qu'elles sont *mignottes*. Cela n'est point françois.

Mignotter un enfant, c'est le caresser, le flatter. On peut dire, *cet enfant a été trop mignotté*; mais on ne peut pas dire, *cet enfant est mignot*.

Mignotises. On appelle ainsi dans cette Province une sorte de petits œillets qui sont les plus petits de tous, c'est une faute, ces œilllets s'appellent *mignonettes*; & non pas, *mignotises*. On doit dire, *j'ai planté des mignonettes dans mon jardin, voilà de belles mignonettes*; mais on ne peut pas dire, *j'ai planté des mignotises, voilà de belles mignotises*; à moins

que ce ne foit en parlant à fon jardi-
nier : car s'il eſt intéreſſant de parler
correctement , il eſt encore plus néceſſaire
de fe faire entendre ; & il ne vous entendra
pas , ſi vous ne lui parlez pas fon langage.

MONTER, MORS, MOUCHOIR, MOUCHETTES, MOUCHETÉ.

1°. Il ne faut point dire , *vous montez fur ma robe*; *vous m'avez monté fur
le pied*, *montez fur cette mèche qui fume*; mais on doit dire, *vous marchez fur
ma robe* , *vous m'avez marché fur le pied,
marchez fur cette mèche qui fume*.

En parlant d'un homme vif & impa-
tient, on dit proverbialement, *cet homme n'eſt pas endurant, il ne faut pas lui
marcher fur le pied*. Perſonne n'eſt tenté
de dire, *il ne faut pas lui monter fur
le pied*; on fent que cette maniere de
parler feroit ridicule. Les autres phraſes
que je viens de relever, ne le font pas
moins

2°. *Mors.* Ce mot se dit en Lorraine chez les plus honnêtes gens, pour signifier un petit morceau, une bouchée. *Un mors de pain*, est ce qu'on peut en prendre en mordant une fois seulement; ce mot vraisemblablement vient de *morsellus*, mot de la basse latinité, qui vient lui-même de *mordere*, ainsi que le mot françois *morceau*. Mais de quelque part qu'il vienne, il est mauvais; & on doit dire, *une bouchée de pain, une bouchée de viande*; & non pas, *un mors de pain, un mors de viande.*

3°. *Mouchoir.* Il faut faire sonner l'*r* en prononçant ce mot, comme dans le mot *soir*; le peuple de Paris ne le fait pas, & il prononce *mouchoy*, comme on prononce *moi, toi*, c'est une faute.

4°. Ne dites jamais *une mouchette*, en parlant du mouchoir d'un enfant; *mouchettes* est le nom d'un instrument domestique, qui sert à moucher les chandelles; il ne se dit point au singulier, mais seulement au pluriel. Dites, *donnez*

nez les mouchettes? où font les mouchettes? & ne dites point, donnez la mouchette? où eſt la mouchette?

5°. J'avertis encore que les petites ta-
ches que l'on fait aux étoffes pour les rendre plus remarquables, ſe nomment des
mouchetures; une gaze mouchetée, & non
pas, mouchée.

MURE, MÛRIR.

Il y a des perſonnes qui prononcent
mal le mot mûre. On écrit meur, meu-
rir, meure, meurier; mais alors on ne
prononce pas comme on écrit. Voici la
regle préciſe : on peut écrire, ſi l'on veut,
mais toujours on doit prononcer, mûr,
mûrir, mûre, mûrier. On dit, les bleds
ſont mûrs, l'âge mûr, un eſprit mûr, ce
vin mûrira, des feuilles de mûrier, des mû-
res ſauvages.

Les Nazales.

En grammaire on appelle voyelles nazâles, celles dont le son se forme en passant par le nez, comme *an*, *en*, *in*, *on*, *un*; & si l'on veut, on y joint encore les diphtongues *ain*, *oin*, *ein*. Les personnes qui veulent parler agréablement, corrigent, autant qu'il est possible, par une prononciation claire & ouverte ce que ces sons ont de déplaisant. Ceux qui négligent ce soin, ne font que naziller, & ne seront jamais de beaux parleurs. C'est tout ce que je puis dire sur cet article; le reste s'enseigne de vive-voix, & on l'apprend aisément, lorsqu'on voit la bonne compagnie.

Neuf.

1°. Dans le mot *neuf*, tant au singulier qu'au pluriel, il faut faire sentir l'*f* & prononcer, *un habit neufe*, *des souliers neufes*, *le pont-neufe*.

2°. On ne doit point dire, *un neuf habit*, *une neuve maison*, *un neuf écu*, *une neuve-ville*. l'Éditeur du Dictionnaire de Trévoux à Nancy, a fait une faute, lorfqu'à l'article Nancy, il a dit que cette ville eft partagée en deux villes, dont l'une eft *la neuve-ville*, & l'autre la *vieille-ville*; il falloit dire, *la ville-neuve*; d'autant plus que *la neuve-ville* eft le nom d'un village, fitué à une lieue de Nancy.

3o. Quelques perfonnes appellent les écus de fix francs, *les écus neufs*; c'eft une faute : les écus de fix francs ne font pas plus neufs, que les écus de trois livres. J'ai déjà obfervé que ceux qui difent *un neuf écu*, parlent encore plus mal.

NOEL, NOME ?

1o. Le mot *noël* fe prononce très-mal en Lorraine, on le fait de deux fyllabes, & on traîne fur la premiere. *Noël* eft un monofyllabe, & on doit le prononcer très-bref, comme *crŏix*, *mŏi*, *fŏi*.

2o. *Nome* ? eft un mot Lorrain, qui fignifie *n'eft-ce pas, qu'en penfez vous* ?

Ce mot n'est point françois, & ceux qui se sont accoûtumés à le dire, doivent s'en corriger, s'ils veulent que les autres François les entendent.

Notre, Votre.

Il y a plusieurs observations à faire, par rapport à ces deux mots *notre, votre.*

1o. La premiere syllabe doit se prononcer d'un son très-ouvert.

2o. Cette premiere syllabe est tantôt bréve & tantôt longue. Elle est breve, lorsque le substantif suit, & alors on ne met point d'accent. *Il est nŏtre ami, c'est vŏtre pere, dans nŏtre maison.*

Mais si le substantif marche devant, on met un accent sur la premiere syllabe, & elle est longue. *cette maison-là n'est pas la vôtre ; ce livre n'est pas le vôtre, voilà les miens, voici les vôtres, il n'est pas des nôtres, vous & les vôtres.*

Dans les deux derniers exemples, le substantif n'est pas exprimé, mais il est sous-entendu & supposé devant.

Notre Marie, *notre Madelaine*, *notre Lili*, &c. font des expreſſions populaires, dont les gens de conſidération ne doivent jamais ſe ſervir.

Nous, *Vous*.

On dit dans cette Province, *nous étions nous deux mon frere*, *vous irez vous deux votre ſœur*; cette maniere de parler eſt très-ſinguliere, & certainemeat un Lorrain qui voyage, étonne beaucoup ceux qui l'entendent parler ainſi. Il faut dire, *nous étions deux, mon frere & moi*; ou bien, *nous étions mon frere & moi*; il faut dire, *vous irez vous & votre ſœur*; ou bien, *vous irez tous deux, vous & votre ſœur.*

Un pere donne à ſes deux enfans un fruit, dont chacun d'eux doit avoir ſa part; il ne doit point dire, *vous partagerez vous deux votre frere* ou, *voilà pour vous deux votre frere*; mais il doit dire, *vous partagerez avec votre frere*, ou bien, *voilà pour vous & votre frere.*

F iij

Nuée.

Nuée ne signifie point la même chose qu'*orage*. On parle très-mal, lorsqu'on dit *nous allons avoir une nuée, il y a eu cette année beaucoup de nuées*, pour signifier, *nous allons avoir un orage, il y a eu cette année beaucoup d'orages*.

Nuée signifie à peu près la même me chose que *nuë* & *nuage*. On dit, *la Déesse étoit portée sur une nuée brillante, sur une nuée d'or & d'azur*.

Si *nuée* signifioit *tempête & orage*, cette phrase seroit très-bizarre & très-ridicule; aulieu qu'elle est exacte & même élégante.

Orage, Orge, Orgue, Os, Oeil de bœuf.

1°. *Orage* n'est jamais féminin. On doit dire, *un gros orage*; & non pas, *une grosse orage, l'orage est passé, nous sommes menacés d'un second orage*; &

non pas, *l'orage est passée, nous sommes nenacés d'une seconde orage.*

2°. *Orgue* est un nom féminin, tant au singulier qu'au pluriel; *la premiere orgue, ou, les premieres orgues qu'on ait vues en France, sont celles qui furent envoyées au Roi Pepin, en 757, par l'Empereur Constantin.* Ce seroit parler mal que de dire, *le premier orgue, ou, les premiers orgues.*

30. *Orge* est un nom substantif féminin. *Les orges sont belles, de l'orge excellente.* Cependant on doit dire, *de l'orge mondé;* & non pas, *de l'orge mondée;* c'est une exception.

4°. *Os.* En Lorraine, on fait sonner l'*s*, lors même qu'il ne suit pas une voyelle; & lorsqu'il suit une voyelle, on prononce comme s'il y avoit deux *s*. C'est une faute; *os* devant une voyelle se doit prononcer comme s'il y avoit un *z*; & devant une consonne ou à la fin des phrases, il se doit prononcer comme *ô!* la finale *s*, ne servant qu'à rendre la syllabe longue. On doit dire, *l'os de la jambe*; & non pas, *l'osse de la jambe*, *j'ai un os démis*; & non pas, *j'ai un osse démis*.

5°. *Œil de bœuf*, terme d'architecture; au pluriel on doit dire, *des yeux de bœuf*; & non pas, *des œils de bœuf*.

PARTI, PEINE.

1°. *Parti* signifie faction; en ce sens on dit, *le bon parti, le mauvais parti, le parti le plus fort*. Mais lorsqu'il s'agit de jeu ou d'autres divertissemens; on dit, *partie, une partie de chasse, nous avons fait une partie, je veux être de la partie*. Les rebelles forment *des partis*, les personnes qui s'amusent font *des parties, des parties amusantes, de belles parties*.

2°. *Donnez-vous la peine de vous asseoir*, est une faute, que font dans toutes les provinces, les personnes qui parlent sans penser; comme on la fait en Lorraine autant qu'ailleurs; je la releve, afin que les jeunes gens y prennent gar-

de. Ce n'eſt pas ici une faute de langage, mais une faute contre le bon ſens.
car on devroit ſentir, que s'aſſeoir n'eſt
pas une peine. On pourroit dire tout au
plus, *donnez-vous la peine de prendre une
chaiſe, de prendre un fauteuil*; mais, *donnez-vous la peine de vous aſſeoir* eſt un
jargon qui ne ſignifie rien, ſinon que celui qui parle ainſi ne s'entend pas ſoi-
même.

P E N D R E.

Je ſuis à vous, ou, *il il eſt à moi, à
pendre & à dépendre*, eſt une maniere
de parler fort ordinaire, mais qui n'eſt
point exacte. Il faut dire, *à prendre &
à dépendre*; c'eſt comme ſi on diſoit,
à recevoir & à dépenſer: car *dépendre* eſt
un vieux mot françois, qui ſignifioit autrefois *dépenſer*, & qui ne ſe dit plus en-
ce ſens, que dans cette ſeule phraſe.
Lors donc que l'on dit d'une perſonne
qu'elle eſt l'amie d'une autre *à prendre
& à dépendre*, cela veut dire que ces

deux personnes font bourse commune,
qu'entre elles tout est commun.

PERSÉCUTER.

On devroit savoir que l's dans le milieu d'un mot n'a le son du *z*, que dans les
cas où elle se rencontre entre deux voyelles, comme dans les mots *raser*, *peser*,
jaser; que par conséquent c'est parler
très-mal que de prononcer comme font
beaucoup de personnes *perzécuter*, *perzé-
cution*, aulieu de *persécuter*, *persécution*,
l's doit ici se prononcer comme un *c*.

PEUT.

Peut & *Peute*, font deux mots dont
le peuple de Lorraine se sert fort souvent aulieu de *laid* & *laide*. On doit dire, *il est laid*, *cela est laid*, *elle est laide*, *ils sont laids*, *elles sont laides*. Le
mot *peut* pris en ce sens, n'est point un
mot françois.

P E U.

Peu est un adverbe de quantité, dont
en Lorraine on fait un usage fort singulier. Par exemple, pour signifier *un peu
moins grand*, on dira, *pas un peu si grand*,
quelquefois on ajoûte l'adverbe *déja*, &
on dit, *pas déjà un peu si grand*; il faudroit dire, *pas tout à fait si grand*. On
doit dire, *pas tout à fait assez*, *pas tout
à fait tant*. A cette maniere de parler
que nous relevons dans cet article, on
reconnoît tout d'un coup les habitans de
la Lorraine, parce que cette faute ne se
fait nulle part ailleurs, que presque tous
les Lorrains la font, & qu'elle est très-
remarquable.

P I F R E, P O I G N E T.

1°. *Pifre* signifie un glouton, une personne qui mange avec excès. Quoique *pifre* soit françois, il ne s'ensuit pas que
le verbe *pifrer*, dont quelques personnes

font ufage, le foit auffi. On peut dire, *s'empifrer*; mais on ne doit jamais dire, *fe pifrer.*

2°. On dit en Lorraine, *donner le poignet à une dame, j'aurai l'honneur de vous donner le poignet*; il faut dire, *donner la main, j'aurai l'honneur de vous donner la main.* Ce n'eft qu'en terme de manege qu'on dit le *poignet* pour la *main.* Par exemple, on dit, *tenir la bride du poignet gauche.*

PELLE, POÊLE.

1°. *Pelle* eft une uftenfile de ménage que tout le monde connoît. Autrefois on difoit *paîle*; mais on ne le dit plus qu'en Lorraine, & c'eft une faute. Il faut dire, *pelle, la pelle à feu, la pelle fe moque du fourgon, on l'a renvoyé la pelle au cul.*

2°. *Poêle* eft une autre uftenfile de cuifine, qui fe pronnonce comme *voile*, excepté que *poêle*, à caufe de l'accent circonfléxe, fe prononce long, aulieu que *voïle* se prononce bref; c'est parler mal que de dire *païle* pour *poële*. La Fontaine dit au petit poisson : *vous irez dans la poële*; il ne dit pas *vous irez dans la païle*.

Pour nous.

Pour nous boire, pour nous manger, sont des façons de parler inconnues partout, hors en Lorraine. Pesez bien la force des termes, & vous verrez combien ils sont éloignés de signifier ce que vous avez dessein de dire. Vous dites à une personne, *voici du bois pour vous brûler;* cela signifie, *pour brûler cette personne,* & vous entendez, *pour que cette personne le brûle.* Si je vous disois, *je vous envoie un loup pour vous manger;* cela ne signifieroit pas, *pour que vous le mangiez;* mais, *pour qu'il vous mange.* De même si je dis, *je vous envoie un lievre pour vous manger;* cela ne signifie pas, *pour que vous le mangiez;* mais, *pour qu'il vous mange.* Encore un autre exemple. Que signifie cette phrase, *il a tiré l'épée pour vous tuer*; & celle-ci, *il est venu pour vous battre?* cela veut-il dire, *pour que vous tuiez* ou, *pour que vous soyiez tué, pour que vous battiez* ou, *pour que vous soyiez battu*, il est évident que *vous* n'est point le nominatif, mais qu'il est le cas du verbe.

Ne dites donc jamais, *il a du bien pour lui vivre, il a de l'argent pour lui dépenser, j'ai du vin pour moi boire*, &c. Ce sont des manieres de parler très-irrégulieres qu'un homme instruit ne doit pas se pardonner, & qu'on ne sauroit pardonner à personne, si ce n'est au peuple à qui on passe tout. A la place de ces dernieres phrases que je viens de citer, vous direz, *il a du bien pour vivre, il a de l'argent à dépenser, j'ai du vin pour boire*.

PROMPTEMENT.

Voyez l'article *gayement*.

QUAND, QUE, QU'EST-CE, QUOIQUE.

1°. Plusieurs en prononçant le mot *quand*, font sentir la finale devant une consonne. Ils disent, *quante nous reviendrons, quante vous serez à la campagne, quante vous aurez payé*, &c. Le *d* final ne doit point se prononcer, à moins qu'il ne suive une voyelle; & il ne doit servir qu'à rendre la syllabe longue. Ainsi vous devez dire, *quãnd nous reviendrons, quãnd vous serez à la campagne, quãnd vons aurez payé*, &c.

Mais si immédiatement après le mot *quand*, il suit une voyelle, comme dans les phrases suivantes, *quand il étoit petit, quand il fera beau*, &c. alors on doit faire sentir la finale, & prononcer le *d* comme si c'étoit un *t*.

2°. *Que* se prononce mal en Lorraine il doit se prononcer sec, comme le mot latin *quo*; & non en mouillant comme le mot françois *qui*.

Que doit se prononcer de la gorge, sans approcher la langue des dents. Dans ce mot la lettre *q*, a le même son que la lettre *k*.

3. Lorsque la particule *que* se trouve après une négation, il faut prendre garde si elle doit se placer avant, ou après le verbe qui suit; car faute d'y faire attention, on dit souvent toute autre chose que celle qu'on vouloit faire entendre. Vous dites, par exemple, *je n'ai que fait trois visites, je n'ai que mangé mon bien*, il falloit dire, *je n'ai fait que trois visites, je n'ai mangé que mon bien.*

Quand vous placez ainsi la particule *que* devant le verbe, c'est au verbe seu qu'elle se rapporte : & comme elle signifie *seulement*; dire, *je n'ai que fait trois visites*, c'est faire entendre qu'on n'a rien fait autre chose que faire des visites; dire, *je n'ai que mangé mon bien*, c'est dire qu'on n'a fait de son bien aucun

cun autre uſage que de le manger ; qu'on
ne l'a point joué ; qu'on ne l'a point
donné.

Or ce n'eſt pas-là certainement la
penſée qu'on vouloit exprimer ; on vouloit,
au contraire, faire entendre qu'on avoit
fait ſeulement trois viſites, & pas une
de plus ; qu'on avoit mangé ſon bien,
& non celui d'autrui. Vous faites donc
un contre-ſens toutes les fois que vous
dites, *je n'ai que fait trois viſites, je n'ai
que mangé mon bien*, ou toute autre phraſe
ſemblable.

4o. Lorſqu'on frappe à votre porte,
vous dites à votre domeſtiqne, *allez
voir qu'eſt-ce qui c'eſt* ; cette maniere de
parler n'eſt point exacte. Il faut dire,
allez voir qui c'eſt, ou bien, *allez voir
qu'eſt-ce qui frappe*. La faute conſiſte en
ce que *qui*, étant le nominatif du verbe,
ce qui ſuit, ne peut pas l'être.

5o. *Quoique cela* eſt un terme impropre, dont on ſe ſert mal-à-propos pour
malgré cela ; comme on dit, *malgré lui*,

malgré vous, *malgré eux*; On doit dire
auſſi, *malgré cela*; & non pas, *quoique
cela*.

RAPPELLER, RAFROIDIR, RÉCUREUSE.

1°. *Rappeller* eſt un de ces verbes que les
Grammairiens nomment *réduplicatifs*,
parce qu'ils expriment une action réitérée,
répétée &, pour ainſi dire, redoublée.
Rappeller ſignifie donc appeller une ſeconde fois, appeller de rechef.

Cependant il y a beaucoup de perſonnes
qui donnent à ce verbe une ſignification
très-différente de celle que je viens d'indiquer; on s'en ſert pour ſignifier, *recou-
rir à un Juge* où *à une puiſſance ſupérieu-
re*. On dit, par exemple, *ſi je perds
mon procès, je rappellerai de la ſentence*.
On dit encore, *ce malade en rappelle*;
pour dire qu'il n'en mourra pas, quoique
les médecins l'aient condamné. Tout cela
eſt bien mauvais; on doit dire, *ſi je*

perds mon procès, j'appellerai de la *sen-*
tence ; on doit dire de même, *ce malade*
en appelle)

Vous ne seriez pas tenté de dire, *la Cour*
a mis la rappellation au néant ; vous di-
riez encore moins, *le rappel comme d'a-*
bus ; mais vous direz toujours, *la Cour*
a mis l'appellation au néant, &, *l'appel*
comme d'abus. Pourquoi donc dites vous,
je rappelle de la sentence, *nous en rap-*
pellerons.

Dans cette occasion *rappeller* & *rap-*
pellation sont aussi ridicules l'un que l'autre ; & qui auroit honte de dire le second, doit également rougir de dire le
premier.

2°. *Rafroidir* n'est pas un mot françois ;
il faut dire, *refroidir* & *refroidissement.*
Ce bouillon est trop chaud, il faut le lais-
ser refroidir, *le vent de bise refroidit l'air*,
la charité des fideles se refroidit.

Il est vrai qu'on peut dire, *rafraîchir*
& *rafraîchissement*, mais il ne s'ensuit
pas qu'on puisse dire, *rafroidir* & *rafroi-*
dissement.

3°. *Recurer, recureuse* ne le disent nulle part, si ce n'est en Lorraine. Il faut
dire, *écurer* & *écureuse.*

On ne doit pas même dire, *une relaveuse,* quoiqu'on puisse dire, *relaver,*
& le mieux seroit de ne dire, ni *relaver*
ni *relaveuse,* mais seulement, *laver* &
laveuse, si ce n'est lorsqu'on parle de
linge qu'on n'a fait que passer dans l'eau
sans le mettre à la lessive; car alors il
faut dire, *ces draps, ces serviettes, ces
mouchoirs n'ont été que relavés;* c'est le
terme propre.

RAYON, CRAYON.

Beaucoup de Lorrains disent *réon,*
créon. Dans les mots *rayon* & *crayon,*
il faut faire sentir l'*y*, comme dans
rayer, royauté, royaume & *voyons.*

RÉSOUDRE.

Le verbe *résoudre* étant un verbe fort
irrégulier, il est difficile qu'on le conjugue exactement, & que les personnes

peu inftruítes ne faffent des fautes fré-
quentes en l'employant.

Voici celles où l'on tombe le plus ordinairement dans cette Province en conjuguant ce verbe :

1º. *Ils réfoudent* eft une faute. Quoiqu'on dife, *je réfous*, *tu réfous*, *il ré-
foud* pour le fingulier ; on doit dire au
pluriel, *nous réfolvons*, *vous réfolvez*,
ils réfolvent; & jamais, *nous réfoudons*,
vous réfoudez, *ils réfoudent*.

2º. Plufieurs difent, *j'ai réfou*, *nous
avons réfou*, *ils ont réfou*; on doit dire,
j'ai réfolu, *nous avons réfolu*, *ils ont
réfolu*.

3º. Quelques-uns difent, *il eft réfou*;
ils font réfous; dites, *il eft réfolu*, *ils
font réfolus*.

4º. On ne peut pas dire, *je réfolverois*,
ni *je réfolverai*; mais on doit dire, *je
réfoudrois*, *je réfoudrai*.

5º. Au participe actif du verbe *réfou-
dre*, on doit dire *réfolvant*; & non pas,
réfoudant. Je l'ai vu *réfolvant* les plus

fortes difficultés; & non pas, *résoudant les plus fortes difficultés.*

REMARQUE. Le verbe *diffoudre*, fe doit conjuguer fur les mêmes regles, mais avec quelques exceptions.

1°. On peut dire, *nous diffoudons, vous diffoudez, ils diffoudent*; auffi bien que, *nous diffolvons, vous diffolvez, ils diffolvent.*

2°. On doit dire au paffé, *j'ai diffous*; & on ne peut pas dire, *j'ai diffolu.* De même au participe paffif, il faut dire, *diffous*; & non pas, *diffolu.*

3°. Au fubjonctif on dit indifféremment *que je diffoude*, ou, *que je diffolve.*

Des Verbes, dont l'infinitif fe termine en D R E.

C'eft ici le lieu de faire une remarque fur les verbes qui ont l'infinitif en *dre*, comme *deffendre*, *répondre*, *confondre*, *&c.* à caufe d'une faute que l'on fait communément en conjuguant l'imparfait du subjonctif. Beaucoup de personnes écrivent & prononcent, *nous deffenderions, vous deffenderiez, nous confonderions, vous confonderiez, nous réponderions, vous réponderiez, &c.* Il faut écrire & prononcer, *nous deffendrions, vous deffendriez, nous confondrions, vous confondriez, nous répondrions, vous répondriez, &c.*

C'est quand l'infinitif se termine en *er*, qu'à l'imparfait du subjonctif on dit, *erions* & *eriez.* Par exemple, dans les verbes suivans *demander, répéter, aimer*; on doit dire, *nous demanderions, nous répéterions, nous aimerions.*

• RESSEMBLER.

Ressembler gouvernoit autrefois l'accusatif. On disoit, *cet enfant ressemble son pere*; *ce portrait ressemble l'original.* Mais l'usage a changé, & il ne s'est perpétué qu'en Lorraine. Aujourd'hui c'est une faute de parler ainsi. *Ressembler* gou-

verne le datif, & on doit dire, *cet enfant reſſembe à ſon pere, ce portrait reſſemble à ſon modele.*

On fait encore une faute non moins
repréhenſible, lorſqu'on dit d'un portrait fidele, *ce portrait ſe reſſemble bien*;
il faut dire, *ce portrait eſt bien reſſem-
blant, il reſſemble bien à la perſonne
qu'il repréſente.*

Peſez bien la force des termes lorſque vous dites, *ce portrait ſe reſſemble,
ou, ce portrait ne ſe reſſemble pas*; vous
verrez que ces termes ne ſignifient rien;
car ſans doute vous ne prétendez pas
dire, que ce portrait eſt ſemblable à lui-
même, ou, qu'il ne l'eſt pas. Cependant
c'eſt le ſens de vos paroles, ou, elles
n'en ont abſolument aucun.

Auſſi je ne ſaurois comprendre comment une pareille faute peut échapper à
ceux qui ont de la littérature. Il faut
que l'habitude d'entendre parler mal,
ait un grand empire ſur les eſprits, pour
les aveugler à ce point; & cela fait voir

qu'il eſt infiniment néceſſaire , pour parler bien , ou de ſortir de ſa Province , ou bien , ſi l'on y reſte , d'étudier ſa langue avec une atention très-particuliere.

SAVOIR.

1°. J'ai déjà remarqué qu'il y a beaucoup de mots que l'on prononce longs , quoiqu'ils doivent ſe prononcer brefs. *Je ne ſaĩs pas* , en eſt un qui revient fréquemment dans la converſation. Il faut dire , *je ne ſaĩs pas.* Il n'y a que le petit peuple à qui il ſoit permis de traîner ſur les mots ; ce défaut donne à celui qui parle , un air indolent & niais , qui eſt tout à fait déſagréable , & qui choque d'abord ceux dont l'oreille n'y eſt point accoutumée. Ce qui rend le langage des Normands plus déſagréable , que celui des autres Provinciaux , ce n'eſt pas le nombre des expreſſions où des conſtructions irrégulieres qu'ils emploient ; ils ſont à cet égard de niveau avec tous les autres ; mais c'eſt qu'ils graînent fur toutes les fyllabes. Le même défaut domine beaucoup en Lorraine.

2°. Un autre défaut , qui , à la vérité , n'eſt pas auſſi répandu , mais qui eſt encore aſſez fréquent , eſt de mettre des ſyncopes où il n'en faut point. J'en parle dans cet article , parce que c'eſt ordinairement au verbe *ſavoir* , que l'on fait cette eſpece de faute. Quantité de perſonnes diſent , *ſavous* ; aulieu de dire , *ſavez-vous* ? les mêmes diſent encore, *avous* , aulieu de dire , *avez-vous* ? ces ſortes de négligences déparent beaucoup le diſcours, & on ne ſauroit les éviter avec trop de ſoin.

Dans la grande regle, *ſavoir* doit s'écrire ſans ç, mais l'uſage a prévalu ſur la regle , & l'on peut écrire *ſçavoir* & *ſavoir* , je *ſçais* & je *ſais*.

SEC, SECHE, SOIR.

1. On doit dire *ſec* au maſculin, & *ſeche* au féminin. *L'air ſec, le linge ſec, la terre ſeche , les ſerviettes ſeches*.

2º. Plusieurs prononcent le mot *soir*, comme s'ils disoient *soër*. Il faut le prononcer d'un ton aigu & clair, comme *voir*, *recevoir*, *avoir*, *devoir*. On fait la même faute au mot *Rois*; on dit, *roués*; il faut prononcer, *roïs*, comme *roï*, excepté que *roï* est bref, & *roïs* est long.

On dit encore quelquefois, *choëfit* pour *choifir*; *choi* dans *choifir*, se doit prononcer, comme *choix*, *loix*.

SOMMIER, SOUCIER, SOURCIL.

1º. Beaucoup de Lorrains disent *sô-mier*, en traînant sur la premiere syllabe; cette syllabe est breve, & on doit prononcer *sômmier* comme *pommier*.

2º. On est surpris d'entendre des personnes qui ne sont pas du dernier rang, dire dans la conversation, *il ne s'en souciffent pas*, pour *il ne s'en soucient pas*; j'aimerois autant leur entendre dire, *ils ne remerciſſent pas*, pour *ils ne remer-* *cient pas.*

Remercier & *ſoucier* étant deux ver- bes tout à fait ſemblables, pourquoi ne les conjuguer pas de la même maniere & ſur la même regle ? Si on vous di- ſoit, *ces Meſſieurs paroiſſent ne s'en ſou-* *ciſſer pas* ; vous trouveriez cette façon de parler très-ridicule : il ne l'eſt pas moins de dire, *ces Meſſieurs ne s'en ſouciſſent* *pas.*

3°. *Sourcil* eſt maſculin. On doit dire, *des ſourcils épais*, *de gros ſourcils*, *des* *ſourcils aſſemblés* ; (quand les deux ſe touchent) on prononce, *ſourci*, ſans faire ſentir l'*l*.

S T A L L E.

Stalle eſt un nom ſubſtantif maſculin. On appelle ainſi les ſieges élevés qui ſont occupés dans l'Egliſe par le Clergé. Dites, *Monſieur le Curé eſt dans ſon ſtal-* *le* ; & non pas, *dans ſa ſtalle.*

Stalle ne fait point *ſtaux* au pluriel.

On dit, *les ſtalles*, comme on dit, *les intervalles* ; quoique l'un & l'autre ſoit maſculin ; & il n'eſt pas moins choquant d'entendre dire, *les ſtaux*, que ſi on diſoit, *les intervaux*.

_ Remarque. *Naval*, *total* & *carnaval*, font au pluriel, *navals*, *totals* & *carnavals*.

Le ſubjonctif.

Le ſubjonctif eſt, comme tout le monde ſait, le quatrieme Mode des verbes. Il ſe met ordinairement après un autre verbe, ou après certaines particules, comme *que*, *quoique*, *après que*. On dit, *le Roi ordonne que vous partiez*, *Dieu veut que vous obéiſſiez à ſes loix*, *quoique vous ſoyiez riche*, *après que vous aurez écrit*, *afin qne l'on ſcache*, &c.

Preſque perſonne ne manque à cette regle, tant qu'il s'agit de mettre le ſecond verbe au préſent. Mais s'agit-il de le mettre à l'imparfait, on ne ſait plus où l'on en eſt. On dira, par exemple, *je voudrois, nous voudrions que vous veniez* ; aulieu qu'il faut dire, *je voudrois, nous voudrions que vous vinssiez.*

Il falloit qu'il écrive ; aulieu de dire, *il falloit qu'il écrivît, &c.* Avec les trois regles suivantes, on peut se tirer de cet embarras.

1ᵉ Regle. Lorsque le verbe qui précede, est au présent ou au futur, le verbe qui suit se doit mettre au présent du subjonctif. Par exemple, on doit dire, *il faut que vous veniez, il faudra que vous écriviez, il faut qu'il vienne, il faudra qu'il vienne* ; parce que dans ces quatre exemples le premier verbe est au présent ou au futur.

Mais si le premier verbe n'est ni au présent, ni au futur ; le second doit se mettre à l'imparfait du subjonctif. Ainsi on dira, *il a fallu, il faudroit, il auroit fallu, il falloit que vous vinssiez* ; & non pas, *que vous veniez.*

On doit dire, *je crains que vous ne soyiez malade* ; &, *j'ai craint que vous*

ne fuſſiez malade, je déſire que vous veniez, &, je déſirois que vous vinſſiez.

Cependant il faut obſerver que ſouvent ces imparfaits font un mauvais effet dans la phraſe, comme on peut le
voir dans ces exemples ſuivans, je voudrois que vous allaſſiez, il falloit que
vous travaillaſſiez, il voudroit que je l'aimaſſe, il auroit fallu que vous étudiaſſiez
d'avantage, il faudroit que vous couſiſſiez.

Alors on prend un autre tour, afin
de n'être pas obligé de ſuivre la regle
aux dépens de l'harmonie du diſcours.
On dira, par exemple, je voudrois vous
voir aller, il falloit travailler, il voudroit
être aimé de moi, il auroit fallu étudier
d'avantage, il faudroit coudre. Je ne dirai
point, je déſirois que vous revinſiez ; mais,
je déſirois votre retour. Je ne dirai point,
je voudrois que vous m'écriviſſiez ; mais,
je voudrois une lettre de vous.

2ᵉ REGLE. Après les verbes eſpérer &
s'attendre, comme il s'agit toujours de
l'avenir, parce qu'on n'eſpére & on n'at-

tend que les choses futures ; on doit suivre d'autres regles.

On dit, *j'espére que vous viendrez. j'espérois, j'ai espéré, j'aurois espeté que vous viendriez, je m'attendois que vous m'écririez, j'attendois que vous m'écrivissiez.*

La nature de cet ouvrage ne me permet point d'apporter les raisons sur lesquelles sont appuyées toutes ces Regles. Il faudroit pour cela entrer dans de longues discussions, que n'entendroient pas la plupart de mes Lecteurs.

Ceux qui desireront approfondir d'avantage cet objet, peuvent lire les Grammairiens, où il est traité fort au long.

3e Regle. Après les verbes *ordonner* & *deffendre*, il faut observer si le temps d'exécuter l'ordre ou la déffense est écoulé, ou s'il ne l'est pas. Dans le premier cas, on suit ce que j'ai dit dans la première Regle. Exemple. *Le Gouverneur ordonna hier qu'on battît la générale ; il déffendit*

dit qu'on *fermât les portes de la ville*. Mais
dans le second cas, c'est-à-dire, lorsque
le temps d'exécuter l'ordre ou la défense n'est pas encore écoulé, on ne suit
plus la même regle. Ainsi je dirai, *le
Gouverneur aujourd'hui a ordonné qu'on
batte la générale ; il a défendu qu'on ferme les portes* ; & non pas, *qu'on battît*,
ou, *qu'on fermât*, parce que l'ordre
étant encore présent & la défense sub-
sistant encore, le premier verbe est censé
au présent, quoiqu'il soit au passé. De
même dans un repas je dirai, *Madame
a ordonné qu'on se mette à table, qu'on
serve le caffé* ; & non pas, *qu'on se mît
à table, ou qu'on servît le caffé, &c.*

LES ſſ DOUBLES.

Souvent les consonnes redoublées ren-
dent longue la Syllabe qui les précede.
Exemple. *La barre, la bourre, bourrér.*
Mais les *ſſ* doubles ainsi que les *tt* doublés
la rendant breve : ainsi il faut dire *groſſe*,

H

& non pas *grōſſe*, *une grŭſſe faute*, *une grŏſſe femme*, &c. Il semble cependant qu'on doit prononcer, *une femme grōſſe*, lorſqu'on parle d'une femme enceinte.

Exceptez encore *grāſſe*, *grāſſouillet*, *tāſſe*, *pāſſe*, *bāſſe* & les imparfaits des verbes, comme *aimaſſe*, *écriviſſe*, & tous les autres.

T A I E , T A Q U E ; *Te Deum, Tout à l'heure.*

1o. *Taie d'oreiller*, est un sac de toile, fait pour renfermer un oreiller; en latin, *tegumen pulvinaris*. On ne doit point dire, *toie d'oreiller*; mais on doit prononcer, *taie*, comme dans le mot *futaie*.

2o. En Lorraine on appelle *taque*, la plaque d'une cheminée qui renvoie la chaleur dans un appartement où l'on fait du feu, ou qui la communique à un appartement voisin. Il faut dire, *la plaque*; & non, *la taque*.

La cheminée fait taque, est une ma-hiere de parler qui n'est point du tout supportable. Elle n'est en usage que par-mi les Lorrains, & ceux qui parlent cor-rectement, ne l'emploient jamais.

3°. *Te Deum.* Ce mot se doit pronon-cer en françois, comme il se prononce en latin. Ceux qui disent, *on a chanté un te Deon*, font une faute considérable. Il n'y a que le peuple & les soldats qui prononcent ainsi.

Dans l'Histoire des Hérésies, on ra-conte un fait qui montre que ce n'est pas d'aujourd'hui qu'on dit *eon*, pour *eum*, & qu'autrefois les Prêtres mêmes prononçoient ainsi. Il est dit qu'un cer-tain *Eon de l'Etoile*, entendant chanter dans l'Eglise, *per eon qui venturus est judicare vivos & mortuos*, s'imagina que c'étoit de lui qu'il étoit dit qu'il vien-droit juger les vivans & les morts. Il se le persuada si bien, qu'il chercha à le persuader à d'autres, & il donna au peu-

H ij

ple de si belles raisons, qu'il vint à bout de se faire croire, & qu'il se fit un grand nombre de disciples, qu'on appella les *Eonites*. Voyez le Dictionnaire des Hérésies, où l'Histoire de cet' insensé est racontée très-agréablement.

4°. *Tout à l'heure.* On peut dire, *j'irai chez vous tout à l'heure* ; mais on ne doit pas dire, *j'irai chez vous tout à cette heure.*

TRAMONTANE, TOUL, TIMBALE, TIMBALIER.

1°. En Lorraine, le peuple dit, *perdre la tremontade,* pour signifier, *perdre son étoile.* Il faut dire, *la tramontane* ; ce mot vient de l'Italien *tramontana,* qui veut dire, *l'Étoile polaire* ; parce que cette étoile, qui sert de guide aux Nautonniers, est par rapport aux Italiens au-delà des Alpes. On doit donc dire, *il a perdu la tramontane.*

2°. *Toul.* La plupart des Lorrains prononcent *Tou*. On doit faire sentir la finale autant que dans le mot *poule*, quoique l'*l* ne soit point suivie d'un *e*.

3°. *Timbale* est un substantif féminin. C'est le nom d'un instrument de musique militaire. Celui qui joue de cet instrument, se nomme *un timbalier*; & non pas, *un timbale*.

T O U F E.

Lorsqu'en Eté il fait une chaleur étoufante ; plusieurs disent, *l'air est toufe*, *il fait toufe*. Cette maniere de parler n'est point du tout françoise.

V A L O I R.

Valoir, est un verbe que les Lorrains conjuguent mal. Le présent de l'indicatif fait au pluriel, *nous valons*, *vous valez*, *ils valent*; & le présent du subjonctif, fait au pluriel, *que nous vaillons*, *que vous vaillez*, *qu'ils vaillent*. La faute que l'on fait en Lorraine, consiste en ce que

l'on fubftitue le fubjonctif à l'indicatif.
On dit par exemple, *ces marchandifes
ne vaillent rien, les vins de cette année
vaillent peu de chofe, nos terres nous vaillent beaucoup*; & il faudroit dire, *ces
marchandifes ne valent rien, les vins de
cette année valent peu chofe, nos terres
nous valent beaucoup.*

Ce verbe fait au participe *valant*. On
doit dire, *je lui ai donné un bijou valant
mille écus.* Cependant il faut dire, *il n'a
pas mille écus vaillant*; mais c'eft une
exception.

On dit encore, *rien qui vaille*, & ,
vaille que vaille. C'eft que dans ces
deux cas on emploie le fubjonctif.

VEUF, VIELLE.

1°. Dans les mots *veuf* & *veuve*, il
faut diftirguer deux chofes : la diphtongue
eu & la finale *f. Eu*, doit fe prononcer
comme dans *lieu*, *Dieu*, *heureux*. L'*f*
doit fe faire fentir, comme dans *nef*,

chef. C'est donc une très-grande faute, que de dire, *c'est un vève, elle est vève;* on doit dire, *c'est un veuf, elle est veuve,* faisant sonner l'*f* dans le premier, & *eu* dans tous les deux.

2°. *Vielle* & *vielleux,* se doivent prononcer comme *miel* & *mielleux.* Mais en Lorraine on dit *vieille* pour *vielle,* en mouillant les deux *l*; on a tort; *vieille* est le féminin de *vieux*; & *vielle* est un instrument de musique.

V O I R.

En Gascogne & en Lorraine, on met par tout le mot *voir.* On dit, *voyons voir, donnez voir, tâchez voir, écoutez voir, prenez voir.* Ces manieres de parler sont tout à fait étranges & inexcusables, & elles ne devroient jamais échapper à ceux qui ont de l'éducation & de la littérature.

Le mot *voir* n'est pas une particule explétive, & il n'a absolument aucun sens dans toutes ces phrafes ; pourquoi donc l'y mettez-vous ?

On parle d'un Seigneur de la Cour, à qui il échappa de dire, *voyons voir*; tout le monde s'étant mis à rire, il demanda pourquoi on rioit ; c'eft, lui dit-on, parce que vous ajoutez fort inutilement le mot *voir*, au mot *voyons*; bon, répliqua-t-il, eft-ce qu'on ne dit pas bien, *feuë la feuë reine* ; on trouva l'excufe encore plus ridicule que la faute qu'il avoit faite, & on en rit encore d'avantage.

VOLE, VOLTE, DÉVOLE.

Beaucoup de perfonnes au jeu de cartes, lorfquelles ont fait toutes les mains, difent, *j'ai fait la volte, payez-moi la volte*. On doit dire, *j'ai fait la vole, payez-moi la vole*; le contraire s'appelle, *la dévole*.

Volte eft un terme de manege; *vole*, un terme de jeu.

VOMIR, VOMISSEMENT, VOMITIF.

Dans ces trois mots la premiere syllabe est breve. Le peuple dit, *vōmir*, *vōmissement*. Les honnêtes gens disent, *vŏmir*, *vŏmissement*, j'ai *vŏmi* ma médecine, cela est à faire *vŏmir*, provoquer le *vŏmissement*.

Remarquez encore qu'on ne dit pas, *un vomitique*; mais, *un vomitif*.

L'Editeur du Dictionnaire de Trévoux, à Nancy, a mis un accent circonflexe sur la premiere syllabe de *vŏmir* à l'article Emétique, c'est une méprise.

VOULOIR.

On se sert quelquefois à Nancy du verbe *vouloir*, au lieu du verbe *devoir*. On dit, par exemple, *veux-je m'en aller? je ne sais quelle carte je veux jouer*, *veux-je prendre?* c'est parler très-mal. Il faut dire, *dois-je m'en aller? m'en* irai-je ? je ne sais quelle carte je dois jouer, prendrai-je ? dois-je prendre ?

On dit aussi, *ils ne veuillent pas*, c'est une faute. On doit dire, *ils ne veulent pas* ; *qu'ils s'en aillent, s'ils veulent* ; & non pas, *s'ils veuillent*.

VINGT.

Ne faites point sentir le *t*, à la fin du mot *vingt*, à moins qu'il ne suive une voyelle. *Combien êtes vous ? nous sommes vingt*. Ne dites jamais, *nous sommes vingte* ; ce seroit une faute considérable.

VUIDE.

Quoiqu'il y ait deux *u* dans le mot *vuide*, l'un consonne, l'autre voyelle, nous devons prononcer comme s'il n'y en avoit qu'un. Presque tout le monde en Lorraine prononce *vuide* comme *puis*. Il faut prononcer *vuide*, comme s'il étoit écrit *vide*, sans faire sentir le second *u*, & comme *viduité*,

Il me semble que j'entends tout le monde prononcer *vuidange*, selon cette regle ; quoique *vuidange* s'écrive avec deux *u*. Pourquoi n'en seroit-il pas de même du mot *vuide* ? L'un est le primitif ou la racine, l'autre est le dérivé. Tous les deux doivent donc être assujettis à la même regle, & l'on doit prononcer *vide* comme on prononce *vidange*.

J'appuie un peu sur cet article, parce que l'abus étant général, on ne se persuadera pas aisément qu'il y ait abus. Il est si général, que les Médecins-mêmes, qui certainement sont des gens de lettres, tombent dans cette faute. En parlant des jours opposés aux jours *critiques*, ils disent, *les jours vüides*, au lieu de dire les jours *vides* Je voudrois que du moins les termes scientifiques fussent toujours prononcés savemment par les gens de l'Art.

Y & EN.

Le peuple de Lorraine fait une infinité de fautes grofsieres dans l'ufage de ces particules. Je ne releverai que les plus confidérables.

1°. Il dit, *menez-mois-y, donnez-mois-en.* Il faut dire, *menez-m'y, donnnez-m'en.*

2°. Il dit, *donnez-leurs-en,* &, ce qui eft encore plus mal, *il leurs y en a donné.* On doit dire, *donnez-leur-en, il leur en a donné.*

3°. Il dit, *je m'en vas-y,* pour *je m'y en vas.*

4°. Il dit, *je n'y ferai plus* ; au lieu qu'il devroit dire, *je ne le ferai plus, je n'y retomberai plus, on ne m'y reprendra plus.*

IVRE, S'ENIVRER, IVROGNE.

Ivre eft François, mais *ivrer* ne l'eft pas. Il faut dire, *mon laquais s'eft enivré;* & non pas, *mon laquais s'eft ivré.*

Cette faute n'eft pas particuliere à la

Province de Lorraine ; mais elle n'en est pas moins une faute à relever, quoiqu'on y tombe dans presque toutes les Province de France.

On doit dire *ivrogne* au masculin, & *ivrognesse* au féminin.

FIN.

Fautes à corriger.

P. xiv. Lig. 1. *longeurs*, lisez, *longueurs*.

P. 6. Lig. 6. *j'ai; été*, lisez, *j'ai été*.

P. 13. Lig. 1. *ceiniure*, lisez, *ceinture*.

P. 52. Lig. dern. *il a fallut*, lisez, *il a fallu*.

P. 53 Lig. 18. *sauffe*, lisez, *sauce*.

P. 54. Lig. 19. *frillieux*, lisez, *frilleux*.

P. 57. Lig. 19. *breve*, lisez, *bref*.

P. 71. Lig. 1. *Terminées*, lisez, *Terminés*.

P. 56. Lig. 18. *verbe seu*, lisez, *verbe seul*.

www.ingramcontent.com/pod-product-compliance
Ingram Content Group UK Ltd.
Pitfield, Milton Keynes, MK11 3LW, UK
UKHW022042070726
13613UKWH00002B/640